グローバル化とショック波及の経済学

地方自治体・企業・個人の対応　小川 光 編

Economics of Shocks in the Globalized Economy
Responses of Local Governments, Firms, and Households.

Edited by Hikaru Ogawa

有斐閣

はしがき

　1991年の前後で，日本の経済構造は大きく変わった。それまでは石油危機や円高不況など，景気変動に影響を与えるイベントがいくつかあったものの，おおむね右肩上がりの経済成長を続けてきた。グローバル化の進展に伴い世界との結びつきが強まったこと，また，地理的理由により大きな自然災害に見舞われてきたことなどから，1990年代以降，日本経済は度重なるショックに対応することを余儀なくされてきた。

　リーマン・ショックや東日本大震災に代表されるような大規模な外的ショックからの回復に，個人，企業，政府はそれぞれに大きな労力を費やしている。この期間のショックに対して，各々のレベルでどのような対応がなされてきたのであろうか。一度，ショックを経験したことが，その後の，危機対応に変化をもたらしたのだろうか。事前，もしくは事後のリスク対応によって，ショックの影響を緩和することができたのだろうか。

　わが国で生じたショックの規模や内容がそれぞれに異なるために，上記のすべてに明瞭な解答を用意することは難しい。しかし，部分的にでもそれらに対する解答を，定量的な情報を伴った形で提供することはできないだろうか。日本の地理的条件を変えることはできないため，南海トラフ地震の発生が危惧されているように，今後も自然災害による経済へのショックは避けられないであろう。グローバル化の進展に伴ってさまざまなショックが国境を越えて波及する今の時代，これまでより国同士の結びつきが強まることを考えれば，これからも，過去に経験した以上の大きな外的なショックに見舞われるかもしれない。これまでの経験に基づいた考察の中から，これからの対応のあり方に対する示唆を得る意義がここにある。

　本書では，外的ショックに対して個人，企業，政府がどのような対応を

行ってきたのかを明らかにするために，2つのアプローチを採用している。第1に，長期時系列データに基づく分析によって，外的ショックに対して，どのように，またどのくらいの期間をかけて通時的な対応がなされてきたのかという視点での分析である。第2に，リーマン・ショックや東日本大震災といった個別事例に焦点を当てて，当該ショックに対する経済主体の対応をあぶりだすという方法である。いずれのアプローチも実証的な立場からの分析であり，外的ショックに対して，経済主体がこれまでどのような行動をとってきたのかを定量的に把握するときにその力を発揮する。本書では，この2つのアプローチを利用して，過去に経験した個別のショック，およびこれからその発生が危惧されている災害に対する個人，企業，自治体の行動変化と対応を分析することから，今後の外的ショックに対する対応の展望と求められる政策の参考となるような知見を提示したい。

***

本書は，科学研究費補助金基盤研究（A）「市場のグローバル化と地域の政策対応に関する理論・実証研究」（課題番号：25245042）の研究成果の一部をとりまとめたものである。プロジェクトでは，理論と実証の両面からグローバル経済下での経済主体の対応を明らかにしてきた。理論面での研究成果は国際学術誌に発表されるとともに，その一部は Naito ed. (2015)[1] にとりまとめられている。本書はそのプロジェクトで進められた実証面での研究成果となっている。また，各章の執筆者が関連するプロジェクトからも，それぞれの分析を進める際の一部に対して支援を受けている。多額の研究支援をいただいた日本学術振興会には記して感謝したい[2]。

---

[1] Naito, T. ed. (2015) *Sustainable Growth and Development in a Regional Economy*, Springer.

[2] 具体的には，科学研究費補助金事業 25516007, 15H03366, 26380405, 16K12374 である。

また，本書をまとめるにあたっては，有斐閣の尾崎大輔氏と岡山義信氏にお世話になった。何度も原稿を読んでコメントをいただいただけでなく，全国に散らばる執筆者間の調整を図るための数度の打ち合わせにもお付き合いいただき，出版に向けて大きな貢献をしていただいた。記して感謝を申し上げたい。

　　2016 年 7 月 31 日

　　　　　　　　　　　　　　　　　　　　執筆者を代表して　小川　光

執筆者紹介（執筆順）

小川　光（おがわ・ひかる）　　　　　　　　【編者，第 1, 3, 4, 6 章】

1998 年，名古屋大学大学院経済学研究科博士後期課程修了

現　在，東京大学大学院経済学研究科教授，博士（経済学）

主　著：

『公共経済学』（共著，有斐閣，2010 年）。

"Further Analysis on Leadership in Tax Competition: The Role of Capital Ownership," *International Tax and Public Finance*, 20(3): 474-484, 2013.

"Think Locally, Act Locally: Spillovers, Spillbacks, and Efficient Decentralized Policymaking,"（共著）*American Economic Review*, 99(4): 1206-1217, 2009.

山本　庸平（やまもと・ようへい）　　　　　　　　　　　　【第 2 章】

2009 年，ボストン大学大学院経済学研究科博士課程修了

現　在，一橋大学大学院経済学研究科准教授，Ph.D.（経済学）

主　著：

"Forecasting with Non-spurious Factors in U.S. Macroeconomic Time Series," *Journal of Business and Economic Statistics*, 34(1): 81-106, 2016.

"Testing for Factor Loading Structural Change under Common Breaks,"（共著）*Journal of Econometrics*, 189(1): 187-206, 2015.

"Using OLS to Estimate and Test for Structural Changes in Models with Endogenous Regressors,"（共著）*Journal of Applied Econometrics*, 30(1): 119-144, 2015.

別所　俊一郎（べっしょ・しゅんいちろう）　　　　　　　　　　【第 3, 5 章】
　2006 年，東京大学大学院経済学研究科博士後期課程修了
　現　　在，慶應義塾大学経済学部准教授，博士（経済学）
　主　　著：

- "Subsidies for Influenza Vaccination, Vaccination Rates, and Health Outcomes among the Elderly in Japan,"（共著）*Japan and the World Economy*, 36: 56-66, 2015.
- "Fiscal Adjustment in Japanese Municipalities,"（共著）*Journal of Comparative Economics*, 43(4): 1053-1068, 2015.
- "Should the Japanese Tax System Be More Progressive? An Evaluation Using the Simulated SMCFs Based on the Discrete Choice Model of Labor Supply,"（共著）*International Tax and Public Finance*, 22(1): 144-175, 2015.

井深　陽子（いぶか・ようこ）　　　　　　　　　　　　　　　　【第 5 章】
　2008 年，ラトガース大学 Ph. D. 取得
　現　　在，慶應義塾大学経済学部准教授，Ph. D.（経済学）
　主　　著：

- "Out-of-Pocket Payments and Community-Wide Health Outcomes: An Examination of Influenza Vaccination Subsidies in Japan,"（共著）*Health Economics, Policy and Law*, 11(3): 275-302, 2016.
- "Social Contacts, Vaccination Decisions and Influenza in Japan,"（共著）*Journal of Epidemiology and Community Health*, 70(2): 162-167, 2016.
- "Impact of Program Scale and Indirect Effects on the Cost-Effectiveness of Vaccination Programs,"（共著）*Medical Decision Making*, 32(3): 442-446, 2012.

穂坂　一浩（ほさか・かずひろ）　【第 6 章】
2015 年，名古屋大学大学院経済学研究科博士前期課程修了
現　在，群馬県総務部市町村課，主任

家森　信善（やもり・のぶよし）　【第 7 章】
1989 年，神戸大学大学院経済学研究科博士課程後期課程中途退学
現　在，神戸大学経済経営研究所教授，博士（経済学）
主　著：
『金融論』（中央経済社，2016 年）。
『地銀創生――コントリビューション・バンキング』（共著，きんざい，2016 年）。
"Regional Economic Development, Strategic Investors, and Efficiency of Chinese City Commercial Banks,"（共著）*Journal of Banking and Finance*, 37(5): 1602-1611, 2013.

浅井　義裕（あさい・よしひろ）　【第 7 章】
2006 年，名古屋大学大学院経済学研究科博士後期課程修了
現　在，明治大学商学部准教授，博士（経済学）
主　著：
"How Do Cost and Regulation Change Loss Control Activities and Insurers' Monitoring?"（共著）*Journal of Insurance Issues*, 34(2), 172-188, 2011.
"On Household Insurance Demand and Loss Control: Evidence from the Great East Japan Earthquake,"（共著）*International Journal of Business*, 18(4): 332-350, 2013.
「中小企業の保険需要とリスクマネジメント――アンケート調査の集計結果」『明大商学論叢』97(4)：597-634 頁，2015 年。

内藤　徹（ないとう・とおる）　　　　　　　　　　　　　　　【第 8 章】
2003 年，九州大学大学院経済学府経済工学専攻博士課程修了
同志社大学商学部教授，博士（経済学）
主　著：
　『規制と環境の都市経済理論』（九州大学出版会，2004 年）。
　"Regional Agglomeration and Transfer of Pollution Reduction Technology under the Presence of Transboundary Pollution," *Regional Science Policy and Practice*, 2(2): 157-175, 2010.
　"Urban-rural Migration, Unemployment, and Privatization: A Synthesis of Harris-Todaro Model and a Mixed Duopoly," *Letters in Spatial and Resource Sciences*, 5(2): 85-94, 2012.

目　次

はしがき　i
執筆者紹介　iv

第1章　グローバル化と外的ショックの時代　　1

1　はじめに………………………………………………………………… 2
　1.1　激動の25年（2）
　1.2　自然災害と経済ショック（4）
　1.3　グローバル化の進行（5）
　1.4　地域の視点（7）
2　分析アプローチと構成………………………………………………… 9
　2.1　長期時系列データの分析（9）
　2.2　個別事例の分析（13）

第Ⅰ部　長期時系列データに基づく地域の対応分析

第2章　グローバル・ショックに対する地域経済の反応　　21

1　はじめに………………………………………………………………… 22
2　長期にわたる共通・個別要因の分析――動学的共通因子モデルを用いて… 24
3　共通因子モデルの構造変化…………………………………………… 27
　3.1　共通因子の推定（27）
　3.2　地域経済の共通因子モデルの構造は昔と今とで変わらないか？（29）
　3.3　都道府県別の「個別変動」の大きさ（31）
4　グローバル・ショックの地域経済への波及………………………… 33
　4.1　生産活動への影響の推定方法（33）
　4.2　ショックへの反応：都道府県による違い（34）
　4.3　ショックへの反応：期間の違い（38）
5　おわりに………………………………………………………………… 39

第3章 財政ショックと市町村の政策対応　　41

1	はじめに………………………………………………………	42
2	分析枠組みとデータ…………………………………………	44
	2.1　財政調整メカニズムをどう捉えるか (44)	
	2.2　データ (46)	
3	ショックに対する財政調整のメカニズム…………………	49
	3.1　ショックに対する反応 (49)	
	3.2　財政調整に用いられる政策変数 (51)	
4	財政調整メカニズム分析からわかる自治体の行動………	52
	4.1　フライペーパー効果 (52)	
	4.2　機会主義的行動 (55)	
	4.3　財政変数の変動 (57)	
	4.4　投資的支出と経常的支出の関係 (58)	
	4.5　自治体規模の違い (59)	
5	ケーススタディ：神戸市と女川町…………………………	62
6	おわりに………………………………………………………	64

第4章 財政ショックへの政策対応の国際比較　　69

1	はじめに………………………………………………………	70
2	国際比較………………………………………………………	71
	2.1　比較対象の国 (71)	
	2.2　ショックに対する政策対応 (73)	
	2.3　主要な財政調整手段 (79)	
3	4つの政策的関心 ――フライペーパー効果，徴税インセンティブ，機会主義的行動，自治体規模…	83
	3.1　フライペーパー効果 (83)	
	3.2　徴税インセンティブ (84)	
	3.3　機会主義的行動 (85)	
	3.4　自治体規模の違い (86)	
4	財政調整のあり方……………………………………………	91
5	おわりに………………………………………………………	93

第 II 部 個別ショックへの対応分析

第5章 市町村の予防接種助成　　99
予防か横並びか？
1 はじめに……………………………………………………………… 100
2 日本の予防接種政策………………………………………………… 103
3 市町村間の相互作用を考慮した分析モデル……………………… 105
　3.1 回帰分析モデルの設定（105）
　3.2 隣 接 行 列（108）
4 デ ー タ……………………………………………………………… 108
　4.1 予防接種政策（108）
　4.2 予防接種政策に影響するその他の要因（110）
5 実証分析の結果……………………………………………………… 112
　5.1 記述統計の確認（112）
　5.2 回帰分析の結果：基礎ケース（114）
　5.3 回帰分析の結果：拡張ケース（117）
　5.4 回帰分析の頑健性チェック（120）
6 おわりに……………………………………………………………… 121

第6章 リーマン・ショックと金融支援の効果　　127
金融円滑化施策は中小企業を助けたか？
1 はじめに……………………………………………………………… 128
2 リーマン・ショック後に実施された金融円滑化施策…………… 132
3 金融円滑化施策にかかる先行研究………………………………… 137
4 実 証 分 析…………………………………………………………… 139
　4.1 金融円滑化施策は倒産減少に効果があったか（139）
　4.2 円滑化施策の効果は地域によって差はなかったか（146）
　4.3 円滑化施策の効果は産業構造の違いにより差はなかったか（154）
5 先行研究の分析結果との比較・考察……………………………… 156
6 おわりに……………………………………………………………… 158

目　次　xi

第7章　自然災害ショックと中小企業のリスクマネジメント　163
東日本大震災の経験をもとにして

1　はじめに……………………………………………………………… 164
2　東日本大震災と中小企業のリスクマネジメント………………… 165
3　分析に利用するデータ……………………………………………… 169
 3.1　企業アンケート調査の概要（169）
 3.2　地震危険担保特約（170）
 3.3　震災後の地震特約の状況（171）
4　分析の結果…………………………………………………………… 173
 4.1　保険でのリスクへの対応（173）
 4.2　震災前のリスクマネジメントの経営状態別の状況（178）
 4.3　東日本大震災のリスクマネジメント行動への影響（180）
 4.4　事前の対策と震災の企業業績への影響（182）
5　おわりに…………………………………………………………… 184

第8章　南海トラフ地震と個人の対応　191
住宅の賃貸行動を通して

1　はじめに…………………………………………………………… 192
2　分析の準備………………………………………………………… 194
 2.1　対象地域（194）
 2.2　基礎データ（195）
 2.3　建築確認申請件数から見る立地行動の変化（197）
 2.4　家賃関数からの推定（199）
3　南海トラフ地震のリスク推定…………………………………… 201
4　推定結果の考察…………………………………………………… 204
5　おわりに…………………………………………………………… 208

索　引　213

本書のコピー, スキャン, デジタル化等の無断複製は著作権法上での例外を除き禁じられています。本書を代行業者等の第三者に依頼してスキャンやデジタル化することは, たとえ個人や家庭内での利用でも著作権法違反です。

第1章

グローバル化と外的ショックの時代

小川　光

1　はじめに
2　分析アプローチと構成

1 はじめに

1.1 激動の25年

戦後のわが国は，石油危機や円高不況に伴う一時的な景気低迷など，幾度かの経済的停滞はあったものの，1990年代初頭までほぼ一貫して右肩上がりに成長する時代を生きてきた。他方で，1990年代前半のいわゆるバブル経済崩壊以後，景気の変動という言葉では片付けることができない大きな経済変動がさまざまな外的ショックによって引き起こされると同時に，そこからの回復に多大な労力と時間を費やすことが続いている。

経済活動の変動を捉えるための指標の1つに，国内で生産された鉱工業製品の生産量の動きを示す鉱工業生産指数がある[1]。鉱工業生産は，景気の悪化により在庫が積み上がれば生産を縮小し，逆に景気が良くなれば将来の需要の拡大を見越して在庫を積み増すなど，景気に対する反応が大きいという特徴を持つ。また，鉱工業生産は国内の経済活動におけるウェイトが大きいことから，この指数は，時々の経済動向を示す指標として幅広く用いられている。図1-1には，その鉱工業生産指数の推移が1978年以降について示されている。

これを見ると，1990年前後を境に，指数の動きが大きく変わったことを読み取ることができる。鉱工業生産指数は，一時的な停滞はあったもの

---

1 鉱工業生産指数（付加価値額ベース）は，鉱工業製品（約500品目）を生産する国内の事業所における生産の状況について経済産業省によって毎月公表されている。鉱工業製品には，鉄鋼，一般機械，電気機器，精密機器，輸送用機器，繊維工業品，紙・パルプ製品，食料品，医薬品などが含まれ，国内事業所におけるこれらの製品の付加価値額について2010年（基準年）を100として指数化したものである。詳しい算出式については経済産業省のウェブサイト（http://www.meti.go.jp/statistics/tyo/iip/pdf/b2010_mechanism_iipj.pdf）を参照のこと。

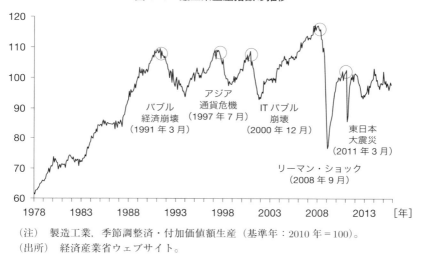

図 1-1 鉱工業生産指数の推移

（注）　製造工業，季節調整済・付加価値額生産（基準年：2010 年 = 100）。
（出所）　経済産業省ウェブサイト。

の，1990 年代初頭まではほぼ右肩上がりにあった。しかし，いわゆるバブル経済崩壊に伴って，1991 年 5 月をピークに急落した。その後，1994 年 1 月まで指数は低下を続けたのち，それ以降は右肩上がりに転じた。しかし，1997 年 7 月にタイを震源として始まったアジア通貨危機によって再び指数は大きく低下した。その後の数年間，鉱工業生産指数は回復したものの 2000 年 12 月，アメリカ発の IT バブル崩壊で指数は再び大きな低下を見せている。それ以降 2000 年代後半までの 5 年以上にわたって生産指数は順調に増加していったものの，2008 年 9 月，アメリカの投資銀行であるリーマン・ブラザーズの破綻に端を発した経済危機によって，過去に例を見ない大きな低下を経験している。その後，短い回復傾向を見せている最中の 2011 年 3 月に東日本大震災が発生し，またも生産指数は大きく低下した。図 1-1 からは，数年おきに起きるショックに伴う経済活動の落ち込みと，そこからの回復に向けた努力を続けた 25 年間であったことがわかる。

1.2　自然災害と経済ショック

　1990年代以降，われわれは何度となく，またそれまでに比べて短期間に大きなショックに見舞われながら生きてきたといえる。このようなショックが頻繁に，また大きな規模で生じている背景には何があるのであろうか。

　1つには，東日本大震災に代表される自然災害が挙げられる。国土の地理的状況から，日本は，台風や地震などの自然災害が多い国であるといわれている。東日本大震災による経済の混乱は記憶に新しく，また，現在も南海トラフ地震の発生リスクに直面し続けている。しかし，1990年代以降に，自然災害が極端に増えるような状況変化が起きたというわけではなく，これらの自然災害のリスクには，いつの時代もコンスタントに直面している。

　自然災害によるショックに加えて，図1-1に示されているもう1つの原因は，経済に起因するショックであり，とりわけ，海外と経済的につながっていることから生じている経済変動である。1997年，タイに始まったアジア通貨危機は，広くアジア各国に影響を与え，日本においても金融機関が大きな影響を受け，翌年の日本長期信用銀行や日本債券信用銀行の国有化の遠因になったともいわれている。また，2008年，アメリカに端を発したリーマン・ショックでは，世界的な株安と急激な円高の進行により，輸出を中心とする日本国内企業が大きな打撃を被った。

　もちろん，ショックの波及は一方通行であるわけではない。2011年の東日本大震災は，国内の企業のみならず，海外にも経済的な打撃を与えた。海外の企業に対して中間投入として輸出されている部品・部材の減少・途絶によって，アメリカや中国をはじめ，世界各地に波及効果が生じることが改めて明らかになったのである（『通商白書』2011年版）。経済のグローバル化を，「国境を越えた経済活動の結びつきの強まり」と捉えれば，互いの国が経済的に強いつながりを持っている現代においては，貿易や投資，

人材の交流と移動を通じてさまざまな経済的メリットを受け取ることができると同時に，ある国で生じた経済危機が容易に国境を越えて，他国へ波及するというリスクも抱えることになっている。

1.3 グローバル化の進行

ところで，われわれが日々の生活の中で実感しているグローバル化はいったいどの程度進んでいるのだろうか。また，1990年代前後でどのような変化があったのだろうか。グローバル化の定義がさまざまであるのと同様に，それを定量的に測る統一的な指標は定まっていないが，いくつかの指標はわれわれに有用な情報を提供してくれている。その1つに，チューリッヒ工科大学のKOFスイス経済研究所が発表している「KOFグローバル化指数」(KOF Index of Globalization) がある。この指数は，経済，社会および政治の3項目について，各国においてそれぞれどの程度のグローバル化が進行しているかを1978年以降について算出したものである。例えば，経済グローバル化指数について見れば，貿易量，海外直接投資額，ポートフォリオ投資，海外居住者への所得移転，輸入関税，非関税障壁，貿易に関わる課税，資本収支規制の強度等を基準にして，その国のグローバル化の程度が測られている。

図1-2には，1978年以降，世界を6つの地域に分けたうえで，先に述べた3項目を総合したグローバル化指数の推移が地域別に示されている[2]。図1-2を見ると，世界のどの地域においてもほぼ一貫してグローバル化が進んでいると同時に，ヨーロッパとアジアでのグローバル化指数が大きく伸びていることを読み取ることができる。特に，ヨーロッパでは1991年の欧州連合条約（マーストリヒト条約）の合意に基づく1993年の「欧州

---

[2] 指数の作成方法等の詳細については，Dreher et al. (2008) およびKOF Index of Globalizationのウェブサイト (http://globalization.kof.ethz.ch/) を参照のこと。

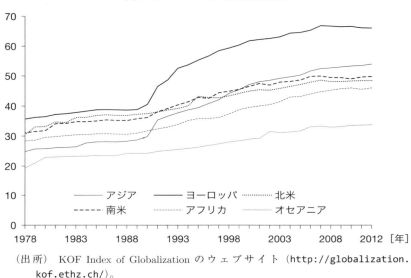

図1-2 グローバル化指数の推移

（出所） KOF Index of Globalization のウェブサイト（http://globalization.kof.ethz.ch/）。

連合」（EU）の誕生によって，また，貿易および投資先としてのアジア，特に東アジア地域の重要性が高まったこともあって，ヨーロッパとアジアにおいて1990年代以降，その指数が大きく伸びている。このようなグローバル化が進む中では，東アジアの島国である日本においてさえ，遠い外国で発生した何らかのショックに対して，金融・経済のつながりを通じて，国全体のみならず，地方経済および地方自治体も無縁ではいられなくなっているのである。

　これからも，このグローバル化と各国の結びつきの強まりが止まることはないであろう。IT技術の革新やその恩恵を受けての輸送費用や移動費用の低下は今後も期待できる。また，TPP（環太平洋戦略的経済連携協定）に代表される市場統合の努力もさまざまな地域において今後も続いていくであろう。それは，すなわち世界のどこかで生じる何らかのショックが今後もより一層強く日本にも波及してくることを予想させると同時に，日本

で生じたショックが世界各国にも影響を与えていくということである。グローバル社会において避けることのできないこのような国境を越えて生じるショックの影響に対して，事前と事後の対応について分析すること，また，その影響を受ける家計，企業，地方自治体の立場から分析することは，今後ますます重要になるであろう。

1.4 地域の視点

図1-1に見られる外的ショックの影響は，どの地域にも均一に影響を与えたのであろうか。それとも地域によって，その影響の大きさは異なったものとなっていたのであろうか。それを確認するために，図1-3を見てみよう。

ここには，図1-1で示された鉱工業生産指数の推移について，北海道，東北，関東，中部の4つの地域を取り上げて2008年以降に絞って図示されている。2008年9月に端を発したリーマン・ショックが日本全体に大きな影響を与えたのは図1-1からもわかるが，図1-3を見ると，その影響は特に中部地域で大きかったことがわかる。自動車産業を中心に製造業が活発な中部地域は，円高に伴う輸出の低迷の影響を大きく受けて，他の地域よりも鉱工業生産指数の落ち込みが大きくなっている。それに比べると北海道地域が受けた影響は比較的小さかったといえる。リーマン・ショックは海外発の外的ショックであり，それが日本全体に影響を与えている側面がある一方で，地域によって異なるインパクトを与えていたのである。

2011年3月の東日本大震災の発生に伴う影響はどうであろうか。東日本大震災は，東北地域において発生したショックであり，当然のことながら東北地域での鉱工業生産指数の落ち込みが最も激しい。それと同時に，東北地域から離れた関東および中部地域でも鉱工業生産指数は相当の落ち込みを見せている。北海道では，ここでも指数の落ち込みはそれほど大きくはない。東日本大震災以降の動きを見てみると，北海道，東北，関東地域では，ほぼ横ばいもしくは若干の低下傾向にある一方で，中部地域は他

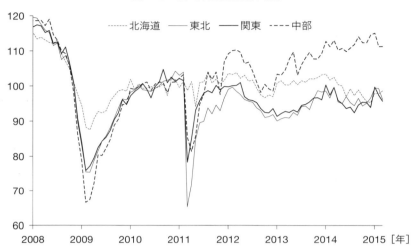

図 1-3　鉱工業生産指数の推移

（注）　製造工業，季節調整済・付加価値額生産（基準年：2010 年＝100）。
（出所）　経済産業省ウェブサイト。

の地域とは顕著に異なる様相を見せている。

　このような地域差は，地理的要因のみならず，地域ごとの産業構造の違いや，サプライチェーンに代表される生産活動における地域間ネットワークの形態を原因にするものと思われる。そうであるならば，局所的に発生した自然災害の場合，あるいはグローバルにその影響が波及する経済ショックの場合でも，それがどの地域にも共通した影響を与えるものなのか，あるいは，特定の地域に顕著な影響を与えるものなのかを区別するために，地域の視点が重要となるのである。とりわけ，家計や個人単位では抱えきれない外的ショックに対して，地方自治体が果たすべき役割は小さくない。ショックの影響を緩和するためにも，自治体の政策対応を解明することが特に重要となってくる。

2 分析アプローチと構成

図1-1に見られるさまざまな外的ショックが生じた際に，それらは地域経済にどのような影響をもたらしたのか。また，家計，企業，地方自治体は，それらに対してどのような対応をすることでショックの影響を小さくしようとしてきたのか。先に述べたように，外的ショックの発生に伴う影響がグローバル化の進展と関連付けられるならば，今後も国家間の結びつきが強まる流れが続くことが予想される中では，われわれはこれまでのような外的ショックに直面し続けることになる。そうであれば，これまでの経験から得られる定量的な情報を分析することによって上記の問いに答え，今後のショック対応に対する示唆を得ることが重要な意味を持ってくる。

分析にあたっては，時系列データを用いて長期的な視点に立って，経済主体が，どのように，またどのくらいの期間をかけて外的ショックに対応しているのかという観点で，包括的に分析する方法がある。それとは対照的に，リーマン・ショックや東日本大震災といった個別事例に焦点を当てて，当該ショックが生じたことに対する経済主体の対応をあぶり出すという方法もある。また，家計，企業，および政府という経済主体のどれに焦点を当てて分析するのかという対象の違いもある。本書では，長期時系列データ分析，および個別事例分析という2つのアプローチをともに利用して，過去に経験した個別のショックに対する家計，企業，自治体の行動変化を分析し，これからその発生が危惧されている災害などに対する対応と求められる政策の参考になる知見を提示することを目的としている。

2.1 長期時系列データの分析

本書の第Ⅰ部では，長期時系列データを用いた分析を2つ展開する。
はじめに**第2章**では，種々の外的ショックがわが国の地域経済活動にど

のような影響を与えてきたのかを都道府県ごとのデータを用いることで検証する。より具体的には，図1-1で示されているさまざまな外的ショックが，地域の生産活動へどのように波及したのかを解明する。1国の中でも，地域によって産業構造はさまざまである。第一次産業の比重が高い地域もあれば，第二次，第三次産業が地域経済で大きなウェイトを占めている地域もある。また，第二次産業の比重が大きい地域であっても，素材型産業の多い地域もあれば，加工組立型産業の多い地域もある。バブル経済崩壊以降に生じたさまざまなショックは，多様な地域に対して，類似した経済変動をもたらしたのだろうか。それとも，地域の特性の違いによって，外的ショックから受けた影響にはばらつきが見られるのだろうか。さらには，日本の経済構造を大きく変えたといわれるバブル経済崩壊の前後で，上記の問いに対する答えは変わってくるのであろうか。

　外的なマクロショックが生じたことによって，地域経済の動向を示す多くのデータが変化する。そのような変化の中で，すべての地域に共通した因子を取り出すことはできないだろうか。そして，取り出した共通因子を除いた部分が，地域ごとに固有の影響を与える因子であると考えることはできないだろうか。このような発想のもとで，日本における外的ショックが地域経済へ与える影響を分解することで，ショックが及ぼす影響がどの程度すべての地域に共通したものとなるのか，あるいは，どの程度が地域固有のものとなるのかを分解する作業を行う。

　外的ショックに対する地域の政策対応は，上記の問いに対する答えによって異なるものとなることは容易に想像できよう。それは，リスクを地域間でシェアするための仕組みづくりを行う国レベルでの問題でもあるし，近隣地域同士での政策協調の問題にも関わってくる。さらに，時系列分析の特徴を活かして，外的ショックが地域に共通の影響を与える度合いが高まっているのか，あるいは，地域の多様性を反映する形で，地域固有の影響を与える度合いが増しているのかについても考察する。これは，今後の政策対応のあり方の方向性を考えるうえで，重要な情報をもたらすことに

なるであろう。

　外的ショックが地域経済の変動に与える影響を分析するのに続いて，**第3章**では地方自治体の政策に焦点を当てて，外的ショックに対する日本の地方自治体の政策対応を定量的に明らかにする。何らかの負のショックによって地域の経済活動が停滞し，税収が減少した自治体を考えてみよう。予算制約に直面する自治体はこのショックに対応するために，いくつかの選択肢を有している。税収を再び増加させるために裁量の余地がある税や手数料などを引き上げるかもしれない。あるいは，公共投資を抑制し投資的支出を減少させる形で対応するかもしれない。政府予算をバランスさせるためには投資的支出ではなく，経常的支出を抑制するという方法もある。そのような自治体独自の対応が難しく，地方債を発行することで税収減を乗り切ろうとすることも考えられるし，場合によっては，県や国からの補助金等の支援によって財政バランスを維持することになるかもしれない。複数の対応手段を有している自治体は，どのような方法によって，またどの程度の期間でもって財政上のショックを調整してきたのであろうか。これが，長期にわたるパネルデータを用いた分析の中での2つ目の議論となる。

　この2つ目の分析は，2010年代に入ってから研究が進んでいる地方財政の維持可能性を探る一連の分析とも関連する。経済学における主要問題は，限られた資源をどのように配分するかである。その意味で，政府も1つの経済主体としてこの問題に直面する。政府といえども，獲得した財源以上に支出することができないという意味で予算の制約を受けるのである。しかし政府は一時点で予算制約のすべてに直面する必要はない。異時点間の資源配分を行うことで通時的に予算制約を満たせばよい。

　しかし，現在，日本を含めて一部の国々で，通時的な予算制約を満たした財政運営がなされているのかという疑問が呈されている状況にある。そして，この疑問を解き明かすのが，財政の維持（持続）可能性をめぐる一

連の研究である。国レベルでの財政の維持可能性を分析した研究に続いて，近年，多くの研究者たちによって自治体レベルでの財政の維持可能性の考察が始められている。これらは，分析手法や対象期間の違いなどによって必ずしも統一的な見解を導くには至っていないが，わが国の地方財政が通時的に維持可能かどうかを検証する重要な貢献をなしている。

自治体の行動を異時点間の資源配分の観点から分析する点は共通する一方で，本書が取り組む分析は，従来の財政の維持可能性の研究と以下の点において異なる視点を持つ。第1に，通時的に財政が維持可能かどうかを問うのではなく，財政を維持可能とするために，どのような手段によって，またどのくらいの期間でもって財政の調整を図っているのかを明らかにしようとする点である。つまり，定常性や維持可能性を議論するのではなく，それに向かうプロセスを明らかにするのである。第2に，自治体には，税や地方債，あるいは国からの補助金といった歳入項目があると同時に，利払いや投資的支出，経常的支出といった歳出項目があるが，それぞれの項目が，財政調整に対してどのような役割を果たしているのか，また，その役割は，自治体ごとに異なったものになっているのかという形で，より詳細な自治体行動の実態を明らかにしようとするのである。

本書の中で明らかにされる日本の自治体の政策対応を評価するための方法の1つは，海外の自治体の政策対応と比較することである。地方政府レベルの財政調整メカニズムを初めて分析したのが，Buettner and Wildasin (2006) である。彼らは，アメリカの市レベルのデータを用いて，財政調整のための市レベルの政策対応を明らかにする研究を行っている。アメリカでは，1970年代に生じたニューヨークの財政危機以降も，1990年代に生じたフィラデルフィアやカリフォルニア州オレンジカウンティでの自治体破産危機という形で自治体の財政バランスが大きく損なわれる事態が繰り返されてきた。そのような現実に対して，彼らの研究では，歳入，歳出項目の1つが外的ショックによる影響を受けて変化したときに，それをどの

くらいの期間をかけて，また，どの歳入もしくは歳出項目を変化させることで調整してきたかを明らかにしている。彼らの研究以後，同様の分析をドイツやスペインといった国々を対象に行う研究が発表され，外的ショックに対する自治体の政策対応の実態を定量的に把握する取り組みが進められることになった。**第4章**では，アメリカの自治体の対応を含め，それに続く他の国を対象にした研究の結果を日本の自治体の対応と比較する。

　何らかの環境変化に対して，地方自治体がいつ，どのように財政調整を行っているかという事柄は，極めて実証的な問題である。財政収入が落ち込んだとき，財政収支をバランスさせるために政府は支出を削減するのだろうか。財政収入の低下は上位政府からの財政の移転によって補われるのだろうか。あるいは，財政収入の回復を目指して増税を行うのだろうか。大都市と地方都市でその対応に違いはあるのだろうか。これらの問いに理論の立場から答えるのは難しい。なぜならば，地方自治体は政治，市場，そして法からの制約など，さまざまな条件に囲まれながら意思決定をしており，それらを包括的に理論分析で取り扱うことはできないからである。このような状況では実証分析が力を発揮する。加えて，実証分析の結果から，現状の地方財政制度の問題を部分的にしろ，あぶり出すことができるという利点もある。さらに，各国は異なる制度を採用している。それらを比較する中から，共通点あるいは相違点を抽出することができれば，どの要因が，制度の相違によって生み出されているかを明らかにするという意味において，国際比較は有用な方法となる。

2.2　個別事例の分析

　本書の後半となる第Ⅱ部では，個別の事例に基づいた分析を展開していく。長期時系列データを用いた外的ショックに対する分析は，どちらかというと事後的な政策対応に関する考察でもある。自然災害など国内を震源とするショックだけでなく，グローバル化によって国家間の相互連関が高まり，ある国で生じたショックが日本に波及するなどした場合に，国内の

地方自治体の政策が事後的にどのように変化したのかを見ているともいえる。そのような事後的な政策対応だけでなく，地方自治体は，地域に波及してくるであろうショックに対する事前予防としての対応を行うことも可能である。その1つのわかりやすい例は，われわれの生活にもなじみが深い予防接種に関わる地域医療政策であろう。

◆ 感染症：事前予防の政策

グローバル化は，人間にさまざまな恵みをもたらした。しかし，人間と同じようにグローバル化の恩恵を受けていると思われるのがウイルスや細菌である。人の往来が少ない時代には，それらが影響する範囲というのはごく一部の地域に限定されていた。グローバル化の進展に伴って，局所的に発生した感染症が，またたく間に国境や地域の境を越えて広がる事象が世界各地で発生している。また，国内でも毎年恒例のインフルエンザをはじめ，人の往来を媒介にした感染症の問題，そして，それに対応する自治体の事前・事後の対応をよく目にするだろう。

このような，感染症リスクを予防するための予防接種実施のほとんどは，日本の場合，市町村に委任されている。そして，任意接種の対象になっている予防接種に対する自治体のスタンスは意外なほどばらつきがあるのである。はたして，このようなリスク予防に関わる自治体の政策は，どのような要因によって決まっているのだろうか。それぞれの自治体の置かれている状況，すなわち，財政状況や人口構成，地域の医療体制の制約を受けながら，リスクに対する事前予防の観点から決定されているのだろうか。あるいは，自治体ごとの状況の違いによってではなく，何か他の要因による影響を受けているのであろうか。**第5章**では，日本における予防接種政策を例にして，リスクに対する事前の政策対応の形成プロセスを明らかにする。

続いて，個別事例に焦点を当てた分析として，本書では，日本を襲った

代表的な外的ショックである「リーマン・ショック」「東日本大震災」，およびその発生が危惧されている「南海トラフ地震」を取り上げる。それぞれの分析の中から，これらのショックに対する個人，地域企業，金融機関，自治体の対応を明らかにしていく。

◆ リーマン・ショック：金融円滑化施策

　2008年9月，アメリカに端を発したリーマン・ショックは日本企業にも大きな影響を与えた。企業の倒産件数を東京商工リサーチ「全国企業倒産状況」で見ると，日本全体の倒産件数は2008年に1万5646件に達し，前年比11％増という大幅な増加を見せた。負債総額も2007年の約5兆7000億円から約12兆3000億円へと2.15倍に跳ね上がっている。倒産件数に比べて負債総額が大幅に伸びていることから大企業の倒産が増えたこともうかがわれるが，倒産した企業のうち9割以上は，資本金が5000万円未満の企業であり，規模の大きな企業同様に，多くの中小企業も苦境に陥っていたことがわかる。とりわけ，リーマン・ショック直後は，中小企業の資金繰りが大企業に比べて相当に悪化した[3]。政府も緊急の経済対策を発動することで，中小企業や地域経済への影響を最小限に食い止め，経済活動を回復させようと努力した。このとき実施された政策が，信用保証と金融円滑化を柱とする中小企業を対象にした金融円滑化施策である。前者は，中小企業が金融機関から融資を受ける際に，その債務を信用保証協会に保証してもらうことによって，融資を受けやすくなることを目的にするものであり，後者は，融資返済に支障をきたした中小企業から条件変更や返済猶予等の申し出があった場合に，金融機関ができる限りそれに応じることを目的にしたものである。

　これらの施策は，中小企業への融資に効果があったのだろうか。また，

---

[3]　「全国企業短期経済観測調査」資金繰り判断 D. I.（日本銀行）に基づく。詳しくは，第6章を参照。

中小企業の倒産を減らすことにつながって，結果として，リーマン・ショックによる地域経済への打撃を緩和することに成功したのだろうか。とりわけ，地域の経済活動に重要な役割を果たす地域金融機関は，政府の政策に対してどのように反応し，それが地域企業の行動にどのような影響を与えたのか。第6章ではこのような問題意識のもとで，リーマン・ショック時の政策対応とその効果についての定量化を試みる。

◆ 東日本大震災：中小企業の対応

　外的なショックに対しては事象が生起した後の事後的な対応のみならず，その発生を予想したうえでの事前の対応も一定程度可能である。とりわけ，事象が生起した後に，その経験を踏まえた行動変化によって次のショック時の対応につなげることができる。2011年に発生した東日本大震災の経験を受けて，それまで20%超程度で推移していた地震保険の世帯加入率が2011年以降は上昇を続け，2014年時点では28.8%に到達している[4]。震災前の2010年の世帯加入率が23.7%であったことからすると，わずか数年の間に5%ポイント以上も増加したことになる。これなどは，将来起こりうるリスクに対する家計レベルでの事前対応の変化を示すものであろう。

　リスクへの事前対応をとることは，主力工場を海外を含めて複数の地域に分散して立地させるなどの対応を行っている企業にとっても同じである。しかし，大企業と中小企業では，状況が異なる。多くの中小企業は，複数の工場を持つほどの規模になく，また，収益構造も大企業のように多様化されていない場合がほとんどであり，リスクを分散することが大企業に比べて難しい。他方で，先に述べたように，リーマン・ショックに際しては大企業に比べて中小企業の資金繰りが悪化する程度が大きいなど，中小企業のほうが外的ショックの影響を大きく受けやすい。

---

[4]　日本損害保険協会「地震保険の契約件数・世帯加入率・付帯率の推移」に基づく。

中小企業におけるリスク対応を分析する意義はここにある。外的なショックが起きた後の影響は大きいにもかかわらず，それに対する事前の備えが難しいのである。はたして，中小企業はどのようなリスクへの事前対応を行っているのであろうか。それは，企業の経営状態によって異なった様相を見せているのだろうか。また，東日本大震災の経験が中小企業のリスク対応に変化を与えたのであろうか。**第7章**ではこれらの問いに答えることを通じて，リスクへの事前の対応が，東日本大震災の影響をどこまで緩和したのかを明らかにする。そのうえで，中小企業のリスク対応支援のあり方に対して示唆できることを提示してみたい。

◆ 南海トラフ地震：個人の居住地選択

東日本大震災以降，南海トラフ地震への関心が高まり，被害が予想される地域の住民，企業を中心に，震災発生の可能性を見越した事前の対応がさまざまな形で進められている。家計や企業レベルでは，転居や工場立地を行う際に，海岸線から離れたより標高の高い場所に居を移す行動が観察される。また，行政レベルでは，緊急一時避難場所の整備やハザードマップの更新を通じた地域への情報提供などを行っている自治体が多い。

自治体による防災政策を受けて住民や企業は行動変化を示すことになるが，これらの行動変化が，災害リスクをどの程度反映したものになっているのだろうか。仮に南海トラフ地震というリスクを考慮した結果であるならば，その影響の一部は地価や家賃に反映されてくる。地震に伴う災害リスクの低い地域には企業や住民が移転することで住宅需要が増加する結果，その地域の家賃は相対的に高くなるのである。まだ顕在化していない南海トラフ地震に対して，地域住民がどの程度，ショックに付随するリスクを事前に読み込んでいるのだろうか。より具体的にいえば，人々の地震に対するリスク評価が，居住地選択を通じて，持ち家の建築や家賃にどの程度反映されているのだろうか。リスクに対する住民の選好は，地域の防災政策を行っていくうえで，自治体にとって欠かせない情報である。**第8章**で

は，南海トラフ地震に直面する徳島県を例にして，住民の事前対応がどの程度，またどのような形でなされているのかを定量的に明らかにする。

● 参 考 文 献

Buettner, T. and D. E. Wildasin (2006) "The Dynamics of Municipal Fiscal Adjustment," *Journal of Public Economics*, 90 (6-7): 1115-1132.

Dreher, A., N. Gaston and P. Martens (2008) *Measuring Globalisation: Gauging Its Consequences*, Springer.

第 I 部

長期時系列データに基づく
地域の対応分析

第2章

グローバル・ショックに対する地域経済の反応

山本 庸平

1　はじめに
2　長期にわたる共通・個別要因の分析——動学的共通因子モデルを用いて
3　共通因子モデルの構造変化
4　グローバル・ショックの地域経済への波及
5　おわりに

1 はじめに

第1章で見たようなグローバルな経済ショックは，地域の生産活動へどのように波及するのであろうか．本章では，47都道府県データに基づいて分析する．

地域経済の変動・波及パターンを解明することは重要な政策課題であり，わが国でも優れた研究が蓄積されてきた．紙面の都合上，特に本章の分析に関連の強いものだけを取り上げると，田原 (1983) は，わが国の景気循環の地域別の特徴を分析した先駆的な研究であり，そこでは，高度経済成長期においては地域の経済変動パターンは比較的単一であると見られてきたことを背景に，1970年代の2度の石油危機後において地域の経済動向に顕著なばらつきが生じ始めた点が強調されている．具体的には，景気変動の地域特性を規定するのは産業構造であるという点に注目し，当時，石油をはじめとした素材型産業の多い西日本では停滞感が強く，加工組立型産業の多い東日本は比較的堅調である状況を「東高西低」という言葉で表している．

その後，日本経済は円高不況を経て，1980年代後半からのバブル経済とその崩壊を迎える．1990年代および2000年代のいわゆる「失われた20年」においては，地域経済の「東高西低」という言葉はあまり用いられなくなり，地価や株価が長期的に下落を続ける中で，金融業や不動産業の集積が厚い大都市圏だけでなく，それ以外の地域においても一様に経済停滞が深刻になった．続く大規模な経済対策による政府の財政悪化は公共投資の抑制を招き，1990年代後半以降は公共投資依存度の低い大都市圏とそれ以外の地域における経済動向の格差が鮮明になった．例えば，家森 (2002) は，その時期の金融政策の地域別の効果について計測を行い，大都市を有する関東・東海・近畿とそれ以外の地域での効果の非対称性を見出している．加えて，この時期の地域の経済変動を扱った研究には，例えば

浅子ほか (2007) や小野寺ほか (2011) があり，地域経済の変動パターンには跛行性が見られるものの，そのパターンは多様かつ不安定であり，定性的に説明することが困難であると結論されている。このように，1990年代および2000年代に起こったバブル経済崩壊および公共投資削減のショックに対して，わが国の地域経済の変動パターンが1970年代および1980年代のそれとは変化し，分析がより難しさを増してきているといえよう。

そして現在において，2008年のリーマン・ショック，2011年の東日本大震災，2013年からの大幅な円高修正など頻繁に発生する大規模なショックは，過去の分析と比較して，地域経済に同様の変動パターンをもたらしたのであろうか。また，そのようなショックが与える影響の地域別の相違は縮小しているのか，あるいは拡大しているのか。本章はこれらの疑問に答えるための基礎的な材料を提供したい。

時代に対応するように，最近では統計的な分析手法も多様化・高度化している。例えば，地域分析を直接の対象とする1つの手法として「空間計量経済学」の発展がある。空間計量経済学は，異なる経済主体（例えば地方自治体）の行動により，それぞれの地域の経済変数が空間的な相互連関を持つ場合や，観測されるデータが空間的に独立でない場合についての計量分析を行う手法として発展している研究分野であり，**第5章**においても，この手法を用いた分析が展開される。本章で取り上げるトピックと関連した地域経済の研究を行っているものとしてはKakamu et al. (2010) があり，そこでは，わが国の地域別の景気循環に強い一様性を観察し，地域間の相関を考慮した分析手法の重要性を強調している。また，Dekle et al. (2016) では，地域経済の投入産出構造を踏まえた相関係数行列を用いることで，東日本大震災による生産活動の縮小が各地域にどのように波及したかを分析したが，ここでもわが国の地域経済の強い共変動を確認している。このように，わが国の都道府県は行政区域としては分かれているものの，経済的に独立した主体ではないため，統計的な分析を行うにあたっては空間的

な相関を注意深く考慮する必要がある。

　しかしながら，このような空間計量経済学アプローチは，比較的短期の安定的な状況を分析対象としているため，長期的な変動パターンを解明するにはやや異なるアプローチが必要になる。具体的に本章では，地域間の波及効果について長期にわたる安定性や，ある時点において構造的変化があったのか否かに焦点を当てたい。そこで，空間計量経済学アプローチとは異なり，時系列分析の枠組みである「動学的共通因子モデル」を用いることとする。動学的共通因子モデルは，近年活用が進んでいる大規模データセットを扱う手法の1つであり，特に欧米ではその有用性は政策当局や企業経営にも広く認識されている。

2　長期にわたる共通・個別要因の分析──動学的共通因子モデルを用いて

　まず，本節では分析手法の枠組みを紹介する。具体的には，本章を通じて図2-1のような経済構造を仮定している。このような枠組みは非常に大雑把なものであるが，グローバルに影響を与える経済ショック（以下では「グローバル・ショック」と呼ぶ）が，わが国経済全体の輸出量あるいは為替レートといったマクロ変数や地域に共通の変動に波及し，その変動が個々の地域経済に波及すると考える。

　経済分析では時系列データを用いることが多く，複数の時系列データを同時に用いることで，経済変数間の相互依存関連を解き明かすことができる。この際に，用いる変数が2つや3つと少なければ，回帰分析などの手法を用いることで比較的簡単に変数間の関係を解析することができる。しかしながら，先述のようにここでは47都道府県別のデータを用いるため，47変数の時系列データの相互関係を同時に扱う必要がある。

　このように多くの変数から成るデータを用いることの問題は，推定する

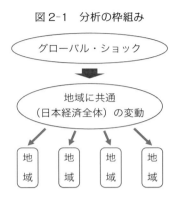

図2-1　分析の枠組み

統計モデルのパラメータの数が多くなりすぎて，いわゆる「次元の呪い」が発生し，限られたデータでは推定や検定の結果が不正確になることである。つまり，いま47変数の各々の相関係数を推定しようとすると，(47×46)/2＝1081個ものパラメータを推定する必要があるため，計算が複雑なものとなり，結果も不正確となりうるのである。この問題を克服するために，あらかじめ47変数の中に存在するいくつかの「共通因子」を捉えて，それらをあたかも1つのデータ系列として扱うことで，推定するパラメータを大幅に少なくすることができる。つまり，1つの共通因子を捉えると，推定するパラメータはその共通因子と47変数の間の相関係数の47個のみとなる。共通因子が2つであっても，たかだか94個にすぎず，1081個よりは遥かに少ないために，推定や検定の精度は大きく向上する。

このように共通因子を用いてパラメータの数を減らす手法は，「共通因子モデル」として古くから知られてきたものである。図2-2に示すように，共通因子モデルでは，多くの変数の変動に共通な因子が時間を通じて存在すると考え，それらの共通因子をデータから推定する。ここでは鉱工業生産指数のデータを用いているので，それぞれの共通因子が，例えば全鉱工業に共通の生産の変動を捉えたり，加工組立型産業の動きあるいは生産工程の異なる素材型産業の動きを捉えたりすることが考えられる。この中で，

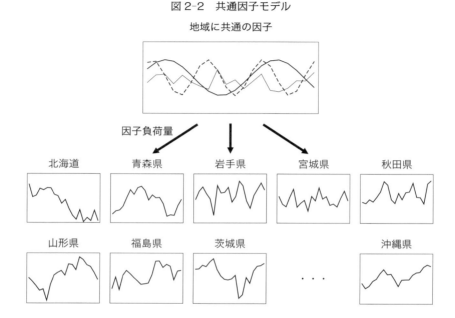

図 2-2　共通因子モデル

共通因子と各地域の関係を表す係数は「因子負荷量」と呼ばれ，これらは都道府県ごとに異なるパラメータとなる。例えば，加工組立型産業のウェイトが大きい都道府県では加工組立型産業の因子に対する因子負荷量の値が大きく，素材型産業のウェイトが大きい県では素材型産業の共通因子に対する因子負荷量が大きい。その値を見ることで，前もって特定することのできない共通因子が持つ意味を，ある程度解釈することができるのである。

　実際に，このような共通因子モデルの手法は株価収益率や複数年限の国債金利といったような多くの変数を同時に扱う統計分析で特にその威力を発揮するため，大量のデータを扱うファイナンスなどの分野で早くから実証分析に応用されてきた。ところが最近では，性能のよいコンピュータで高速な計算を行えるようになり，それに加えてインターネット等を通じて

さまざまなデータを取得することも容易になったため，ファイナンス以外の分野でも手軽に大規模なデータセットを扱う分析が可能になってきた。その中で，本章のように経済データの分析に用いる際には，特に時間を通じた変数間の関係を適切に考慮することが重要であるため，特に「動学的」共通因子モデルと呼ばれることがあるが，以下では簡単化のために，「動学的」を冠せずに単に「共通因子モデル」と呼ぶことにする。

3 共通因子モデルの構造変化

3.1 共通因子の推定

本章では，共通因子モデルを 1986 年 1 月から 2014 年 12 月までの 29 年間にわたる都道府県別の鉱工業生産指数データ（対前年同月比）に適用する。まず，共通因子を推定するために，「主成分分析」の手法を用いる。紙面の都合上，主成分分析の具体的な説明は他の専門書に譲るが，例えばモデルの中に 2 つの共通因子が存在すると考えるのが適切であれば 2 つの主成分を，3 つの共通因子が存在すると考えるのが適切であれば 3 つの主成分をそれぞれの共通因子の推定値として用いる。このように，共通因子を主成分により推定するにあたっては，その数を前もって特定する必要があるため，ここでは標準的な手法である Bai and Ng (2002) の情報量規準を用いることで，統計的に最適な共通因子の数を特定する。47 都道府県別の鉱工業生産指数のデータを用いて推定をしたところ，3 つの共通因子を主成分として抽出することが最適であると結論された。また，阪神・淡路大震災時や東日本大震災時において，いくつかの都道府県に一時的に発生した大きな外れ値は，推定結果に大きな影響を及ぼさないような一定のルールにより取り除いたうえで，共通因子を推定する。

図 2-3 は，47 都道府県別の鉱工業生産指数の主成分として得られた 3

図2-3 都道府県別鉱工業生産指数の共通因子推定値

第1共通因子

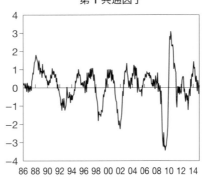

第2共通因子

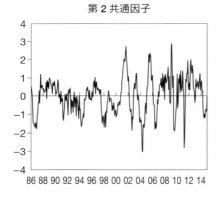

第3共通因子

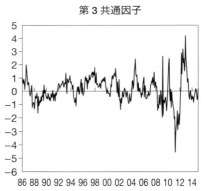

つの共通因子の推定値について時間を通じてプロットしたものである。第1共通因子は，2008年後半におけるリーマン・ショック時の大きな変動を捉えている。第2共通因子は，いわゆる2000年のITバブルによる増加と，その後の落ち込みを反映していると見ることができる。また，第3共通因子は，2011年における東日本大震災時の激しい変動を捉えている。このように異なるショックが，異なる大きさで共通因子に影響を与えていることがわかる。それに加えて，各都道府県の因子負荷量の値を調べると，第1共通因子は全産業に共通の変動，第2共通因子は富山県や香川県の値が

比較的大きいため素材型産業，第3共通因子は神奈川県，愛知県，広島県などの値が大きいため加工組立型産業の動きを主に表していると見ることができる．

3.2 地域経済の共通因子モデルの構造は昔と今とで変わらないか？

経済には政策変更，国際化の進展，新しい商品や生産技術の導入といったさまざまな構造変化の可能性があり，わが国の地域経済もその例外ではない．これまでに説明した都道府県別の鉱工業生産指数の変動を説明する共通因子モデルは推定期間を通じて安定していると仮定するのが簡便であるが，時間を通じてモデルの構造そのものが変化してしまうことも考えられる．具体的な理由としては，例えば次のようなものがあろう．

① 共通因子の構造変化

ある期間では1つの共通因子として捉えることのできた経済変動が，その他の時期では複数の共通因子に分化したり，その共通因子が消失したり，新たに共通因子が出現したりする場合がある．これらは，共通因子そのものに構造変化があるケースと見ることができる．具体的な例を挙げると，海外への輸出により牽引されていた生産活動が，2000年代に入って中国などの新興国からの需要が勃興することで，新たな共通因子が増加したかもしれない．逆に伝統的に繊維産業などの共通因子は，国内の産業構造の変化とともにその役割を消失することも考えられる．また，1980年代後半の土地・株式のバブル期には，その時期に特有な高級財に対する生産増加が1つの独立した共通因子となっていることも考えられる．

② 因子負荷量の構造変化

共通因子と個々の地域経済の変動の関係を表す因子負荷量の値が変化する場合がある．具体的な例としては，ある県で空港の新設や新幹線などの交通インフラが整備されることにより，これまで以上に国内経済全体との

結びつきが強化される，また大規模な工場誘致が成功することにより，県の経済の国内経済全体に対するプレゼンスが向上する，逆に震災など地域に起こったショックにより生産活動が縮小する，などが考えられる。

　そこで，上記のような共通因子モデルの構造変化を統計的に検証するために，仮説検定を行ってみる。まず，上記①で説明した共通因子そのものの構造変化を検定するために，Chen et al. (2014) により提案された検定を用いた結果が表2-1に示されている。この検定は1回だけでなく複数の変化が起こった場合，その数も特定することができるため，次の2つの結果が示してある。まず，表の上段の「第1変化」の検定の帰無仮説は「共通因子に構造変化がない」で，対立仮説は「共通因子に1回の変化がある」である。次に，第2変化の帰無仮説は「共通因子に1回の構造変化がある」で，対立仮説は「共通因子に2回の構造変化がある」である。統計量が大きな値をとる場合（その際には数字の右上に＊印を付けている）は対立仮説が支持される。これを見ると，共通因子には構造変化が起こっており，最も大きな2009年5月の変化は5％水準で統計的に有意である。また，2番目に大きな変化は2002年6月に見られるものの，これは10％水準で見ても有意ではないために，最終的な結論としては共通因子そのものの構造変化はリーマン・ショック時に見られた1回であると判断される。

　次に，②で説明したような因子負荷量の構造変化については，Yamamoto and Tanaka (2015) により提案された個別の因子負荷量の構造変化検定を行ってみる。前述のように，因子負荷量は各都道府県別に存在するため，検定の結果は各都道府県別に表2-2の左2列に示されている。この検定は，帰無仮説が「（ある都道府県の）因子負荷量に構造変化がない」であり，対立仮説は「（その都道府県の）因子負荷量に1回以上の構造変化がある」である。第1列目が構造変化の有無を示す検定統計量，第2列目は10％有意水準以下で変化が認められた都道府県の因子負荷量につき，最大の構造変化が認められた時期を示している。これを見ると，非常に多く

表 2-1　因子の構造変化検定

検定	統計量	変化点
第 1 変化	20.78**	2009：5
第 2 変化	10.08	2002：6

(注)　**は 5% 水準で統計的に有意であることを示す。

の都道府県（47 のうち 30）で構造変化が認められた。また，変化した時点はほとんどの都道府県でリーマン・ショック後の 2009 年に認められたことがわかる。

以上の結果を要約すると，わが国の地域経済の共通因子モデルには時間を通じた構造変化（不安定性）が見られるが，特にリーマン・ショックが日本を直撃した後の 2009 年に大きな構造変化をしていると結論することができる。以下では，この点を考慮して各都道府県における共通変動と個別変動の大きさ，また経済ショックの時間を通じた波及効果につき分析を行う。

3.3　都道府県別の「個別変動」の大きさ

各都道府県の指数を見ると，他の地域の変動とよく似た動きをしている県と，その県に独自の変動パターンが強い都道府県がある。それらを簡潔な手法を用いて確かめるために，表 2-2 の右半分には各県の「生産指数の変動」を「地域に共通の変動」と「地域に固有の変動」に分解し，前者を後者で割った「共通・個別変動比率」を示している。この値が大きいほど，地域経済は日本全体の動きに類似していると考えることができる。逆に，この値が小さい場合はその地域独自の経済変動が強いことを意味する。

表 2-2 を見ると，まず，例外はあるものの，比較的経済規模が大きくかつ製造業の規模が大きい都道府県はグローバルあるいは全国ベースに展開している製造業企業の本拠地を有するため共通変動の割合が大きく，自動車関連の集積が厚い東海地域や電子機器関連の集積を有する北陸地域も

表 2-2　因子負荷量の構造変化検定と共通・個別変動比率

	因子負荷量の構造変化検定		共通・個別変動比率		
	検定量	変化点	1986:1- 2014:12	1986:1- 2009:4	2009:5- 2014:12
北海道	12.60**	2009年5月	2.50	2.58	2.41
青森県	8.56	—	1.47	0.81	3.83
岩手県	12.08**	2009年5月	4.09	3.01	8.12
宮城県	24.33***	2010年4月	13.44	3.19	11.95
秋田県	12.01**	2009年5月	3.14	2.92	5.58
山形県	7.26	—	3.59	2.91	5.91
福島県	8.67	—	4.28	3.21	5.25
茨城県	21.16***	2008年12月	2.80	2.73	3.82
栃木県	19.06***	2009年7月	2.23	1.67	3.06
群馬県	12.85**	2009年5月	2.19	1.39	3.89
埼玉県	9.82	—	2.70	2.44	3.24
千葉県	10.40*	1994年12月	2.10	2.05	2.12
東京都	10.53*	2001年12月	2.92	2.39	5.81
神奈川県	6.63	—	2.81	2.32	3.19
新潟県	13.82**	2009年1月	3.28	3.24	3.40
富山県	13.47**	2003年6月	4.78	3.77	5.73
石川県	9.19	—	2.95	2.38	2.42
福井県	11.10*	2008年12月	2.67	3.02	2.69
山梨県	5.12	—	4.88	3.88	6.73
長野県	11.56*	2009年5月	3.58	2.85	4.23
岐阜県	11.57*	2005年7月	5.74	3.83	4.41
静岡県	15.16**	2009年5月	3.43	3.11	4.47
愛知県	13.54**	2009年4月	6.81	5.87	8.99
三重県	25.49***	2009年2月	1.87	2.19	2.96
滋賀県	15.30**	1997年5月	1.16	0.87	5.46
京都府	16.43***	1996年2月	3.06	3.43	3.15
大阪府	7.52	—	2.32	1.91	2.18
兵庫県	9.67	—	2.12	1.85	4.58
奈良県	10.67*	1989年7月	1.81	2.13	1.70
和歌山県	12.49**	1989年1月	2.25	1.71	3.12
鳥取県	16.75***	2010年3月	2.27	3.32	1.44
島根県	11.40*	2009年5月	3.87	2.87	5.10
岡山県	5.09	—	2.81	3.46	2.01
広島県	7.82	—	2.68	2.32	3.93
山口県	5.95	—	1.18	1.28	0.99
徳島県	8.11	—	0.69	0.57	1.23
香川県	7.03	—	0.88	0.86	1.04
愛媛県	8.03	—	0.56	0.44	0.90
高知県	11.93**	2001年12月	0.59	0.65	1.71
福岡県	26.34***	2009年4月	3.28	3.50	4.30
佐賀県	39.33***	2009年7月	0.69	0.76	0.67
長崎県	7.14	—	0.08	0.19	0.32
熊本県	14.57**	2009年5月	1.85	1.59	2.62
大分県	14.92**	1997年2月	0.75	0.67	1.04
宮崎県	9.09	—	1.78	1.66	2.78
鹿児島県	16.89***	2009年5月	1.64	2.14	3.14
沖縄県	33.62***	2009年3月	0.00	0.02	0.04

(注)　***は1%，**は5%，*は10%水準で統計的に有意であることを示す。

共通変動の割合が大きい。一方，それ以外の都道府県では比較的地場の製造業の寄与が大きいため個別変動の割合が大きいという傾向が読み取れる。次に，直近の 2009 年 5 月以降のデータでは，多くの都道府県で過去に比べて共通変動が占める割合が大きくなっていることが見てとれる。これはリーマン・ショックや東日本大震災といった経済全体のショックといった大きなマクロ経済の変動が起こったことが大きく寄与している。加えて，グローバルあるいは全国ベースで活動する比較的規模の大きな企業だけでなく，地域を活動の中心とする企業にまでグローバルな経済ショックの影響が及んだ可能性を示唆している。そこで，次節ではそのようなショックが地域経済へどのように波及したと考えられるか，時系列分析の手法を用いて考えてみる。

4 グローバル・ショックの地域経済への波及

4.1 生産活動への影響の推定方法

本節では，都道府県データを用いて推定された共通因子を用いて，グローバル・ショックが地域経済へどのように波及するのかを描写してみる。具体的には，先に推定した共通因子を「ベクトル自己回帰」という時系列モデルにあてはめることで，グローバル・ショックに対する地域経済変数の反応を推定する。もちろん，グローバルなショックといっても，例えば 1990 年代後半のアジア通貨危機と 2008 年のリーマン・ショックとではその性質が異なるため，その地域経済への波及プロセスも異なるであろう。ここでは，分析を簡単にするために，これまでと同様にグローバル・ショックはまず為替レートや輸出数量といったわが国のマクロ経済変数に伝播すると考え，それらの変動に対して地域の生産活動がどのように反応するのかを，以下の 2 段階で推定する。

◆ 第1段階：グローバル・ショックから共通因子へ

　第1段階は，グローバル・ショックをわが国に伝播することを表すマクロ経済変数として輸出数量指数と為替レート（円ドルレート：前月末値）を取り上げ，それらと地域経済の共通因子との相互関係を時系列モデルで推定する。その結果，ある月に輸出数量が1％増加したケースおよびある月に円ドルレートが1％円安に振れたケースのそれぞれで，その後共通因子がどのように変動するのかを推定する。これは，マクロ経済分析の中で頻繁に用いられるベクトル自己回帰の手法と同様である。やや技術的になるが，同時点において輸出量や為替レートは地域経済の共通因子に影響を与えるが，地域経済の共通因子は輸出や為替レートに影響を与えないと仮定している。

◆ 第2段階：共通因子から地域経済へ

　第1段階ではショックの後の共通因子の反応を推定したものの，実際には共通因子そのものはデータとして観察することができない。われわれの興味は，そのような共通因子の変動そのものというよりは，それに応じて各都道府県の鉱工業生産指数がどのように変動するのかを明らかにすることである。そのために，共通因子と地域経済変数の関係を表す因子負荷量を用いることで，グローバル・ショックが起こった後の共通因子の反応を，実際の47都道府県それぞれの鉱工業生産指数に結びつける。このようにして，ショックが発生した後の時間を通じた各都道府県の反応を推定することができる。

4.2　ショックへの反応：都道府県による違い

　47都道府県すべての反応をレポートするには紙面に制限があるため，ここでは北海道，東北，関東（甲信），北陸，東海，近畿，中国，四国，九州の各地域から1都道府県ずつの推定結果をインパルス応答関数と呼ばれる関数によって図2-4および図2-5に記載する。具体的には，北海道，

宮城県，東京都，石川県，愛知県，大阪府，広島県，香川県，福岡県の9都道府県である．先に行った共通因子の構造変化検定の結果やわが国の景気局面を踏まえたうえで，サンプル期間を3つに分けて推計を行った．上段は，1986年1月からバブル経済が崩壊したときの景気の山である1991年2月まで（推定期間①），中段はITバブルが崩壊した2000年12月からリーマン・ショック前の2008年7月まで（推定期間②），下段はリーマン・ショックによる大きな変動が沈静化したと見られる2010年1月から直近の2014年12月まで（推定期間③）の結果を示している．なお，この3つの期間については推定開始月と終了月を多少前後させても結果に大きな違いはなかった．また，1990年代の多くは今回は推定期間には含めなかった．その理由は，この期間においては生産指数の変動が国内における民間需要の減退や政府支出により強く影響を受けていることが考えられ，グローバル・ショックに対する応答関数の推定値は非常に不安定な結果となったからである．

図2-4は，輸出数量指数（対前年同月比）が1%増加した場合に，その効果として各都道府県の鉱工業生産指数がどのように反応するかを示している．また，図2-5は，円ドルレート（対前年同月比）が1%円安に振れた場合に，その効果として鉱工業生産指数がどのように反応するかを示している．いずれの図も，24か月先までの反応を示しているが，それより先はほとんど効果が消滅していると考えても差し支えないであろう．

推定された地域別の反応からは，次のような事実が観察される．まず，図2-4で輸出量のショックに対する反応，および図2-5で為替レートのショックに対する反応について，各段の隣り合わせの図を見ると，同じ時期の同じショックに対する反応であれば地域別には若干の違いは見られるものの，おおよそのパターンは似通っている．これは直感的にも理解しやすい．わが国の都道府県は行政単位として分かれているものの，経済的に独立しているわけではなく，1つの企業が複数の地域に工場を有していることもよくある．そのため，例えば北海道と九州とで反応が正反対になる

図 2-4　輸出量ショックの地域別の生産指数への波及（インパルス応答関数）

① 1986年1月から1991年2月までのデータで推定

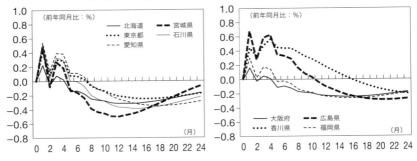

② 2000年12月から2008年7月までのデータで推定

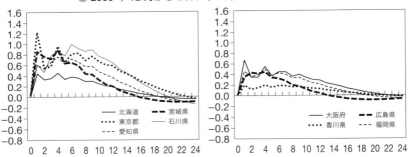

③ 2010年1月から2014年12月までのデータで推定

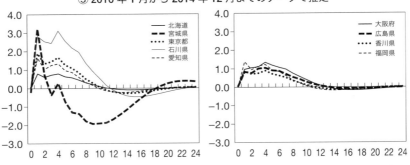

図2-5 為替レートショックの地域別の生産指数への波及（インパルス応答関数）

① 1986年1月から1991年2月までのデータで推定

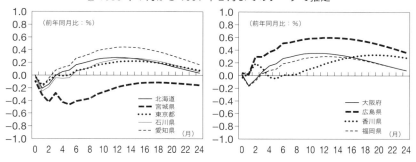

② 2000年12月から2008年7月までのデータで推定

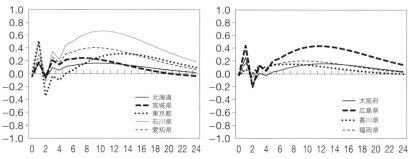

③ 2010年1月から2014年12月までのデータで推定

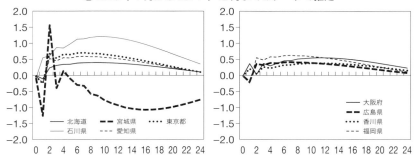

ということは考えにくいし，また大都市とそうでない地域でも完全に異なる動きを示すことはないであろう。また，各地域の反応の大きさの相対的な関係も比較的安定している。輸出ショック，為替ショックともに，よりグローバルな展開をしている製造業の製造拠点を有する愛知県，広島県，石川県などでは，ショックに対する影響が大きく，北海道や宮城県などでは比較的小さな反応をとることが見てとれる。

4.3 ショックへの反応：期間の違い

次に，それぞれの図で上段・中段・下段を比べると，異なる推定期間における反応は，輸出ショックを見ても為替レートショックを見てもやや異なるといえる。例えば，図2-4で輸出量が増加したときの生産への効果を見ると，円高不況後からバブル経済崩壊までを含む期間①では地域の生産はさほど大きな増加を見せなかったものの，期間②および期間③では多くの都道府県において増加が見込まれる結果となった。これは，期間①においては地域の生産の増加が輸出よりもむしろ国内需要により牽引された部分が大きいのに対し，期間②や期間③の近年では輸出の影響が相対的に高まっていることが一因と考えられる。加えて，ショックの性質もよりグローバルなものへと変化しているため，応答関数の形状が変化していることが考えられる。また，図2-5で円安が生産に与える効果を見ても，同様の結果が得られている。このように，時々の経済構造（例えば金融構造や財政状態を含む地域の需要構造，欧米や中国などとの地域経済の相互連関，ショックに対する個別企業の経営方針など）およびショックの性質により，地域経済の反応は異なったものとなる。

最後に，反応の変動幅に注目してみる。直近の期間③では，期間①および②に比べて，同じ程度の大きさのショックに対する生産の変動幅が遥かに大きいことがわかる。具体的には，図2-4の縦軸のスケールに注目すると，期間①ではおよそ-0.6%から$+0.6\%$くらいの変動に収まっているのに対し，期間③では$+3.0\%$にわたる大きな変動幅を見せている。こ

のように，近年では，地域企業のグローバル化も進んでいることから，ショックに対する地域経済の反応が石油危機時の「東高西低」や円高不況の時期，バブル経済期，失われた20年の時代のいずれとも異なる波及パターンを描き，過去になく大きな振幅をもって地域経済に影響を及ぼす傾向がある。

5 おわりに

本章では，共通因子モデルという最近の計量経済学の発展を受けて，グローバルなショックがわが国の地域経済にどのように波及するかという研究課題を，都道府県別の鉱工業生産指数データを用いて分析した。その結果，空間計量経済学アプローチをとる既存研究でも指摘されたように，わが国の地域経済には強い共通変動が見られ，その共通変動の割合は近年において高まっていることが確認された。これは最近のショックがより規模の大きいものであった点もさることながら，世界規模や全国ベースで活躍する大企業のみならず地域を主な活動拠点とする企業にまでグローバル化が進展していることを示唆している。加えて，都道府県別の鉱工業生産指数には，3つの共通因子が存在した。これらの解釈には検討の余地があるものの，それぞれの共通因子は全産業，素材型産業，加工組立型産業の変動を捉えていると考えることもできる。昨今のリーマン・ショックや東日本大震災などのグローバルで大規模なショックはそれらの共通因子にさまざまに影響を与え，都道府県に波及すると考えると，わが国の地域別の経済変動・波及パターンは時間的に安定していないことが追認された。

以上のように地域経済の変動パターンに共通変動が強く，またその構造が時代やショックにより不安定であることは，地域の政策担当者や企業経営者にとっては，グローバルな経済動向を意識しつつ，既存の地域経済に対する洞察を不断に見直していく必要があることを示唆している。

● 参 考 文 献

浅子和美・板明果・上田貴子 (2007)「景気の地域別先行性・遅効性」浅子和美・宮川努編『日本経済の構造変化と景気循環』東京大学出版会：190-213 頁。

小野寺敬・浅子和美・田中晋矢 (2011)「都道府県別 CI と全国の景気——CPBI による分析」浅子和美・飯塚信夫・宮川努編『世界同時不況と景気循環分析』東京大学出版会：85-108 頁。

田原昭四 (1983)『景気変動と日本経済——世界・日本・地域の景気分析』東洋経済新報社。

家森信善 (2002)「金融政策は各地域に異なった影響を与えるか」神奈川大学商経論叢 38(2)：1-16 頁。

Bai, J. and S. Ng (2002) "Determining the Number of Factors in Approximate Factor Models," *Econometrica*, 70(1): 191-221.

Chen, L., J. J. Dolado and J. Gonzalo (2014) "Detecting Big Structural Breaks in Large Factor Models," *Journal of Econometrics*, 180(1): 30-48.

Dekle, R., E. Hong and W. Xie (2016) "The Regional Spillover Effects of the Tohoku Earthquake," RIETI Discussin Paper Series 16-E-049.

Kakamu, K., H. Wago and H. Tanizaki (2010) "Estimation of Regional Business Cycle in Japan Using Bayesian Panel Spatial Autoregressive Probit Model," in T. P. Nolin ed. *Handbook of Regional Economics*, Nova Science Publishers: 555-571.

Yamamoto, Y. and S. Tanaka (2015) "Testing for Factor Loading Structural Change under Common Breaks," *Journal of Econometrics*, 189(1): 187-206.

第3章

財政ショックと市町村の政策対応

別所俊一郎・小川　光

1　はじめに
2　分析枠組みとデータ
3　ショックに対する財政調整のメカニズム
4　財政調整メカニズム分析からわかる自治体の行動
5　ケーススタディ：神戸市と女川町
6　おわりに

1 はじめに

　一般的に人々は変動の激しい経済よりも安定的に推移する経済を好む。そのため，**第1章**で触れたような度重なる外的ショックが生じたときに，その影響をなるべく小さくし，安定的に経済・財政を運営していくことが政府に期待される。実際に，1950年代後半から始まった高度経済成長において，またそれ以降の今日に至るまで，経済を安定的に成長させることは政府の重要な関心事であった。さまざまなショックが生じる中で経済を安定的に推移させていくためには，国のみがその役割を果たすわけではない。地方自治体も，マイナスのショックに伴う景気の低迷に対応するために，しばしば地方財政出動を動機づけられるなど，地方の現場でも経済変動を抑える役割を担ってきた。

　それでは，さまざまなショックが生じたときにそれをうまく吸収し，経済の安定化や通時的な財政バランスを維持するために，地方自治体はどのような方法をとってきたのだろうか。より具体的にいうならば，さまざまなショックに対して，数ある政策手段の中からどの手段を用いて，またどのくらいの時間をかけて対応してきたのであろうか。

　ある財政変数に対して外的なショックが生じて財政バランスが崩れたときに，それを回復すべく，また通時的な予算制約を満たすために行う政策対応は「財政調整」と呼ばれる。そして，**第1章**でも紹介したが，上述の疑問に答えるべく，地方自治体の財政調整メカニズムを解明する研究を初めて提示したのが Buettner and Wildasin (2006) である。彼らは，ベクトル誤差修正モデル（vector error correction model: VECM）を用いて，アメリカの市レベルの地方自治体の財政調整メカニズムを明らかにする先駆的な研究を発表した。彼らのアプローチをベースにして，その後，複数の国で VECM アプローチを用いて財政調整メカニズムの考察が行われてきた。その中で筆者らは，わが国の地方自治体の財政調整メカニズムを分析した

(Bessho and Ogawa 2015)。本章では，この分析の内容を紹介することを通じて，外的なショックに対するわが国の地方自治体の政策対応を定量的に明らかにしてみよう。

　ここで，わが国を対象にして地方自治体の財政調整メカニズムを分析することの意義を2点挙げておこう。第1に，国・地方を問わず，その財政が中長期的に持続可能なのかどうかが懸念されている中で，通時的な予算制約を満たすために地方自治体がどのような行動をとっているかを明らかにすることができることである。国レベルでの財政の持続可能性を検証する研究に続いて，地方財政の持続可能性に関する研究も進んでいる（赤松・平賀 2011，鷲見・川瀬 2012，持田 2015）。それらの研究は，多くの場合，通時的に地方自治体の予算制約が満たされるかどうかを考察するものであり，維持可能性をどのように達成するのかというプロセスを問うものではない。一方で，本章の主眼は，地方財政が持続可能であるための地方自治体の対応にあり，それを分析することで，何らかの外的ショックに直面した地方自治体がどのくらいの期間をかけてどのようにそれに対応しているのか，そのプロセスを解明できるのである。第2に，他の国を対象にした先行研究と同じ枠組みで分析することを通じて，わが国の地方自治体の財政調整メカニズムの特徴，および諸外国との類似点を抽出することができる。わが国の地方自治体はアメリカやドイツなど，他の国の地方自治体とは政策における裁量や自由度が異なると考えられている。国によって制度や裁量が異なる地方財政運営がなされていることを利用することで，財政調整のプロセスにおけるわが国の対応として特徴的な点を見出すことができるのか，あるいは，各国で共通して見られる特徴は何かを明らかにすることができるのである。

　次節以降では，わが国の地方自治体，とりわけ市町村の財政調整メカニズムについて，長期時系列データをもとに定量化していくことにしよう。

2 分析枠組みとデータ

2.1 財政調整メカニズムをどう捉えるか

はじめに，財政調整メカニズムの定量化を行うための VECM モデルを紹介しておこう。ある時点 t における自治体 i の予算制約式が以下のように与えられるとする。

$$D_{i,t} = G^I_{i,t} + G^C_{i,t} + S_{i,t} - R_{i,t} - Z_{i,t} \tag{3.1}$$

ここで $D_{i,t}$ は財政収支（赤字・黒字），$G^I_{i,t}$ は公共投資に代表される投資的支出，$G^C_{i,t}$ は扶助費や人件費に代表される経常的支出，$S_{i,t}$ は地方債の利払い，$R_{i,t}$ は地方税収入に代表される自主財源，$Z_{i,t}$ は国などの上位政府からの補助金である。右辺の最初の3項が歳出，続く2項が歳入を表しており，歳入と歳出の差額が財政収支 $D_{i,t}$ として計算される。財政収支 $D_{i,t}$ が赤字であれば地方債を発行して単年度収支をバランスさせることになり，逆に黒字であれば地方債務の減少に用いられると想定される。

Buettner and Wildasin (2006) をはじめとした他の研究と Bessho and Ogawa (2015) の研究の違いの1つが，後者では，地方自治体による公共支出を投資的支出と経常的支出に分類している点にある。分析対象となっている期間において，日本の地方自治体はしばしば国の景気対策と整合的な公共投資を行うように動機づけられてきた。このような日本の特徴を的確に反映させるためには，公共支出の中身を分解して，それぞれの政策手段が財政調整に対して果たしてきた役割を分析することが有用となる。

以下では，本章で分析に利用する VECM のエッセンスを簡潔に説明しておこう[1]。VECM は，前章の分析に利用されたベクトル自己回帰（VAR）

---

[1] VECM の詳しい説明は沖本 (2010) を参考にするとよい。

モデルを改良したモデルである．財政変数の時系列データを見た場合に，複数の変数の加重平均値がランダムに動いているように見えることがある．このことを変数間に共和分関係が認められるというが，その場合にはVARモデルを単純に適用することができず，この問題を回避するモデルとしてVECMが開発されている．通常，VECMは経常的支出，投資的支出，税収，補助金といった複数の財政データ間で，時間を通じてどのような影響を及ぼしあっているのかを解明するための設定がなされる．それによって，あるデータに何かしらの変動が生じたときに，それが他のデータにどのように波及していくかが定量的にわかるのである．(3.1) 式をもとにVECMが定式化されるが，ここでは，投資的支出の変化を被説明変数にした場合を明示して，その回帰式を示しておこう．

$$\Delta G_{i,t}^I = \alpha_0 + \gamma D_{i,t-1} + \sum_{j=1}^p \alpha_{1,j} \Delta G_{i,t-j}^I + \sum_{j=1}^p \alpha_{1,j} \Delta G_{i,t-j}^C \\ + \sum_{j=1}^p \alpha_{2,j} \Delta S_{i,t-j} + \sum_{j=1}^p \alpha_{3,j} \Delta R_{i,t-j} + \sum_{j=1}^p \alpha_{4,j} \Delta Z_{i,t-j} + u_{i,t} \tag{3.2}$$

ここで左辺の $\Delta G_{i,t}^I$ は t 年において投資的支出がどのくらい変化したかを表す．(3.2) 式では，投資的支出の変化をもたらす源泉を，右辺にある説明変数，とりわけ，過去 p 年にわたる投資的支出 $\Delta G_{i,t-j}^I$，経常的支出 $\Delta G_{i,t-j}^C$，補助金 $\Delta Z_{i,t-j}$，自主財源 $\Delta R_{i,t-j}$，そして地方債の利払い $\Delta S_{i,t-j}$ の変化に求めて，その推定を行う．ここで p はラグ期と呼ばれる値であり，ある財政変数に生じた変化の原因をそれ自身および他の変数に求める際に，何年まで遡ってその影響を捉えるのかを表す．最適なラグ期の特定には，通常は尤度比検定が用いられ，Bessho and Ogawa (2015) では $p=4$ が採用されている．

なお，ラグ期の特定に加えて，VECMを用いて財政調整メカニズムを明らかにするためには，さらに2つの準備作業が必要となる．第1に，一致性を持つ推定量を得るためには (3.1) 式の左辺の変数が定常性を満たさなければならないが，実際のデータがそうであるかどうかについては統計

的な検証が必要である．第2に，パネルデータにしばしば見られる，固定効果の処理である．詳しい説明は計量経済学のテキストに譲るが，第1の点については，パネルデータのために開発された単位根検定を用いる．このもとで，本章のデータにおいては (3.1) 式の左辺にあたる財政収支は定常であり，右辺の各変数の差分もまた定常であることが確認されている．第2の点については，Durbin-Wu-Hausman 検定を用いて確認するが，本分析においてはいくつかのケースにおいて固定効果の存在を否定できないという結果を得た．しかし本章では，先行研究との比較を容易にするため，各式について固定効果を含めずに最小2乗法 (ordinary least squares: OLS) による推定を行っている．

これらの予備的考察を経て，(3.2) 式と同様の推定式を経常的支出 $\Delta G^C_{i,t}$，補助金 $\Delta Z_{i,t}$，自主財源 $\Delta R_{i,t}$，そして利払い $\Delta S_{i,t}$ についても構築し，合計5本の式を用いた回帰分析から係数 $\alpha_{k,j}$ ($k=1,\cdots,4$) を推定し，通時的な予算制約式を満たすように，どの財政変数がどの程度の反応を示しているかを計算していくことになる．

2.2 データ

Bessho and Ogawa (2015) では2つのデータセットを用意している．1つは1977〜2001年を期間とした，約3200自治体のパネルデータである．もう1つは1977〜2010年を期間とした約1800自治体のパネルデータである．2つのデータセットを用いているのは，いわゆる平成の大合併の影響の処理の方法によって結果に違いがないか確認するためである．ただし，いずれのデータセットを用いたとしても得られた結論に大きな違いは見られないので，本章では，市町村合併の影響を受けない1977〜2001年にかけての約3200自治体のデータを用いた分析の結果を紹介していくことにする．

(3.2) 式の推定にあたって用いるデータを簡単に説明しておこう．$Z_{i,t}$ は地方交付税交付金や国庫支出金等を合計した金額を用いている．$R_{i,t}$ は

表 3-1 財政変数の記述統計

(単位：千円)

	平均値	標準偏差	最小値	中位値	最大値
自主財源 $R_{i,t}$	112.5	74.0	11.8	96.8	2345.3
投資的支出 $G_{i,t}^I$	174.9	202.4	7.8	121.6	8359.6
経常的支出 $G_{i,t}^C$	255.2	172.7	67.4	209.1	3259.6
補助金 $Z_{i,t}$	278.0	286.9	13.5	199.7	8784.9
利払い $S_{i,t}$	53.1	55.7	0.0	36.1	1852.5
財政収支 $D_{i,t}$	92.7	106.8	−451.1	64.3	5652.5

(注) 1人当たり，2010年価格で実質化。

主に地方税収，手数料，寄付など，いわゆる自主財源と呼ばれるものを用いている。$G_{i,t}^I$ は投資的支出，$G_{i,t}^C$ は経常的支出，$S_{i,t}$ は地方債の利払い額である。$D_{i,t}$ は (3.1) 式をもとに歳入と歳出の差額として求められている。それぞれの値は2010年を基準に実質化されており，すべて1人当たり金額として用いられる。使用するデータの記述統計が表3-1に，また時系列での動きと規模をおおまかにつかむために図3-1が描かれている。

図3-1からは，サンプル期間内にすべての変数が2～3倍の範囲で増えていることがわかる。また補助金額は自主財源額の2～3倍の規模となっており，地方財政が国からの補助金に大きく依存していることが読み取れる。経常的支出は投資的支出よりも一貫して大きく，時間とともにその差は拡大してきた。その結果として，1990年代には，経常的支出は投資的支出の2倍の規模になっている。利払い額には大きな変動はなく，財政に占める割合もそれほど大きくない。図3-1で最も顕著な特徴は，経常的

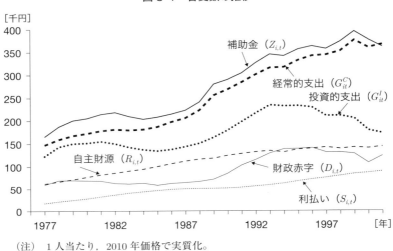

図 3-1　各変数の推移

（注）　1 人当たり，2010 年価格で実質化。

支出と補助金の動きがほぼパラレルであることであろう。投資的支出については，1980 年代後半までは安定的に推移していたが，それ以降，1993 年までの 5 年間に急激に拡大している。これは，バブル経済崩壊に直面した政府による景気刺激策の一環として地方自治体においても公共投資が拡大したためである。その後，1997 年以降は投資的支出は減少に転じた。また，自主財源と利払いは安定的に増加しており，大きな変動は見られていない。これらのことから，財政赤字額が投資的支出の動きとほぼ連動していることを読み取ることができよう。

3 ショックに対する財政調整のメカニズム

3.1 ショックに対する反応

経済ショックが生じたときに，財政変数がその後，どのような反応を見せるかを定量化するためには，各変数の将来の値について割引現在価値化する必要があり，そのための割引率を設定しなければならない。Bessho and Ogawa (2015) では先行研究にならって割引率を 3% に設定したうえで，ある変数に変化があったときに，それ以降の期間に，その変数自身，および他の変数がどのように反応したのかが表 3-2 のように得られている。なお，ほとんどの財政調整は，最初の 2 年間で生じているので，割引率を変化させても結果に大きな影響を与えないことが確認されている。

表 3-2 の第 1 列を見てみよう。縦に並んでいる数字は，自主財源が何らかの理由で 1 円変化したときに，通時的に自主財源およびその他の財政変数がどの程度変化したのかが示されている。例えば，今期，何らかの理由で自主財源が 1 円減少したとしよう。他の変数を一定とすれば，通時的な予算制約を満たすためには，今期の自主財源の低下をカバーすべく次期以降の自主財源は増加しなければならない。その意味で，ある変数の変化は，マイナスの関係性をもって将来のその変数自身の反応をもたらすことになる。もちろん，ある変数に生じたショックをその変数だけで吸収する必要はなく，他の変数とあわせて，ショックを通時的に調整していくことになる。表 3-2 の第 1 列からは以下のことがわかる。自主財源が 1 円減少したとき，市町村は，時間を通じて 0.384 円だけ自主財源を増やすことで通時的な予算制約を満たすように反応している。同時に，自主財源の 1 円減少をカバーするために，市町村は投資的支出を 0.387 円低下させている。他方で，利払いは 0.221 円増加するという反応を見せている。このような反応は予算制約を通時的に満たすことを難しくする方向に働くが，そ

表 3-2 （割引現在価値化された）ショックに対する反応の大きさ

		変化元				
		自主財源	投資的支出	経常的支出	補助金	利払い
反応先	自主財源	−0.384*	0.023	0.001	−0.012	0.008
	投資的支出	0.387*	−0.957*	−0.259*	0.546*	−0.460*
	経常的支出	−0.162	0.115	−0.112	0.033	0.053
	補助金	−0.398*	0.160	0.645*	−0.418*	0.163
	利払い	−0.221*	0.234*	0.330*	−0.154*	−0.354*

（注）符合がマイナスである場合，変化元と逆方向の反応を示す。*は5％水準で統計的に有意であることを示す。

れをカバーしているのが，国からの補助金である。市町村は，自主財源が1円減少したことに伴って，0.398円の補助金増を受けるという形になっている。

同様の見方で，それ以外の変数へのショックに対する政策反応を見ていこう。第2列には，何らかの理由で投資的支出が増加したときの反応が示されている。これを見ると，ある年に投資的支出が1円増加した場合，それとほぼ同額の0.957円分の投資的支出を通時的に減少することで予算制約を満たすように対応していることがわかる。それと同時に，投資的支出が1円増加したことに伴って，経常的支出と利払いがそれぞれ0.115円，0.234円増加しており，投資的支出の変化が，それら他の財政変数にも一定程度の影響を与えていることがわかる。他方で，投資的支出の変化は自主財源に対してはほとんど影響を与えておらず，1円の投資的支出の支出変化に対する自主財源の変化はわずかに0.023と極めて低く，また有意な値とはなっていない。

第3列を見てみよう。ここには経常的支出が変化したときの反応が示されている。これによれば，経常的支出が増加した場合，最も大きな反応を見せているのが補助金である。経常的支出1円の増加に対して，補助金が0.645円増加することで予算制約を満たそうとする動きを見せている。経

常的支出1円の増加は，利払いを0.330円増加させる一方で，投資的支出を0.259円減少させることで通時的な予算制約がバランスする方向に調整されている．投資的支出の変化への反応と同様に，ここでもやはり，自主財源は財政調整にはほとんど用いられていない．

第4列には補助金が変化した場合の反応が示されている．ある年に補助金が1円増加した場合，次期以降，補助金が0.418円低下する形で財政バランスが保たれるように調整されている．補助金の増加に最も大きく反応しているのが投資的支出である．補助金が1円増加したことによって，投資的支出は0.546円の増加につながっている．他方，経常的支出の反応は有意ではなく，補助金が変化したことに対する反応としては，投資的支出と際立って異なる反応を見せている．補助金の増加は利払いを一定程度減少させている一方で，ここでも，自主財源はほとんど変化していない．補助金の1円増加に対する自主財源の反応は有意とはなっていない．

最後に地方債の利払いが変化した場合の財政調整を見てみよう．第5列を見ると，何らかの理由で利払いが増加した場合に，予算制約を通時的に満たすために最も大きな貢献を見せているのが投資的支出である．利払いが1円増加した場合，投資的支出は0.460円減少している．それ以外の変数は，将来の利払いが減少することを除いていずれも有意な反応を見せていない．

3.2 財政調整に用いられる政策変数

表3-2を行方向に見ていくことで，どの政策手段が財政調整に大きな役割を果たしているかを読み解くことができる．例えば，第1行を見てみよう．自主財源は，それ自身がある年に1円変化したときには，それ以降，割引現在価値化した値として0.384円変化することで財政バランスを回復する方向で動いているが，それ以外の財政変数の変化に対してはほとんど反応していない．つまり，投資的支出，経常的支出，補助金，利払いといった変数が外的ショックによって変化したとしても，自主財源はほとんど

財政調整のために用いられていないということである．同様のことは，経常的支出についても見てとれる．自主財源，投資的支出，経常的支出といった各変数の変化に対して，次期以降における経常的支出の変化は -0.162〜0.115 円と小さい値にとどまっているうえに，投資的支出に対する反応以外，係数はいずれも有意ではない．

　それらとは逆に財政調整に大きな役割を果たしているのが，投資的支出と補助金である．投資的支出は，自主財源をはじめすべての変数の限界的な変化に対して，財政バランスを回復させる方向で相当程度の大きさで変化している．また，投資的支出と利払いが変化したときの反応を除いて，補助金も財政調整に一定の役割を果たしている．ここから，外的ショックによって何らかの財政変数が変化した場合に，投資的支出が財政の調整弁として最も大きな役割を発揮していることが読み取れよう．

4　財政調整メカニズム分析からわかる自治体の行動

　本章で用いている VECM に基づく財政調整メカニズムの定量的な分析からは，地方財政研究において関心を持たれてきたいくつかのトピックスについても興味深い示唆を得ることができる．本節では，そのうちのいくつかを取り上げて考察を深めていこう．

4.1　フライペーパー効果

　ある地域の住民が私的財の消費と公共支出から効用を得ているという想定のもとで，地方自治体が住民の効用を最大化することを目的に行動しているとしよう．いま，この地域で使える所得が増えたとする．所得の増え方には2通りある．1つは，住民の所得が増える場合であり，もう1つは国からの補助金によって減税に財源を回したり公共支出を増やしたりすることが可能になる場合である．ごく単純なミクロ経済理論の効用最大化問

題を想定すると，いずれの場合においても，住民の効用を最大化する自治体は同じ私的消費と公共支出の配分に行き着く。補助金が増えた例でいえば，自治体が一括で補助金を受け取った場合，その一部のみを公共支出の増加に充てて，残りは，減税を通じて住民の私的消費を増やすような政策変更を行うことになる。

この考えのもと，Gramlich and Galper (1973) は 1954～1972 年のアメリカの州データを用いて「フライペーパー効果」と呼ばれる次のような特徴を見出した。すなわち，アメリカの州では，地域所得が住民の所得上昇を通じて増加する形で生じた場合には，その上昇分の一部が公共支出に回されていた一方で，地域所得が補助金の増加という形で増えた場合には，そのほとんどが公共支出の増加につながっていたのである。自由に配分先を決められる一括補助金が公共支出に張り付くことから，この現象はフライペーパー（ハエ取り紙）効果と呼ばれる。この発見以降，多くの国において，フライペーパー効果が存在するかどうかの検証が行われてきた[2]。

表 3-2 をもとに日本におけるフライペーパー効果が生じている可能性を検討してみよう。ある年に補助金が 1 円増加すると，それ以降の期で補助金が 0.418 円減少する。通時的な予算制約の中で見れば，これは補助金が 0.582 円増加したことになる。それに対して投資的支出はほぼ同額の 0.546 円増加している。Gramlich and Galper (1973) がいうところの，補助金が投資的支出に張り付いている状態ともいえる。他方で，自主財源が 1 円増加した場合を見てみよう。次期以降に自主財源が 0.384 円減少しているので通時的な予算制約の中で，自主財源は 0.616 円の増加ということになる。このとき，投資的支出の増加は自主財源の増加の半分弱である 0.387 円にとどまっている。補助金であっても自主財源であっても，同じ金額だけ地域で使える所得を増加させている場合でも反応が異なっており，

---

[2] フライペーパー効果の有無についてはわが国でも多くの研究がなされている。例えば，Nagamine (1995)，土居 (1996, 2000)，宮良・福重 (2001) を参照。

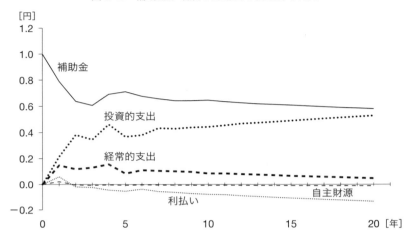

図3-2 補助金が増加した場合の自治体の対応

　補助金が増加した場合の公共支出の増加がかなり多いことからすると，わが国を対象にした先行研究によってこれまで示されてきたのと同様に，本章においてもフライペーパー効果が存在する可能性を指摘できよう。

　補助金が増加した場合の自治体の反応については，前章同様に，あるデータに何かしらの変動があったときに，それが他の時系列データにどう伝わっていくか（インパルス応答）を視覚的に示すことができる。例えば図3-2には，補助金が1円増加した場合に，自治体がどの変数をどのくらいの期間にわたって変化させることで通時的な予算制約を満たすように対応してきたかが示されている[3]。これを見ると，時点0において補助金が1円増加した場合，それ以降から始まって3年程度後まで補助金が減少すると同時に，投資的支出を最初の2年で大きく増加させるという対応を示している。補助金と投資的支出の変化に比べれば，それ以外の財政変数，す

---

3 ここでは，5％水準で有意ではない財政変数についてもその推定値を利用して図示している。

なわち利払い，自主財源，経常的支出の変化は小さく，補助金の増加に伴って必要な財政調整の手段としては用いられていないことがわかる。

4.2 機会主義的行動

地方財政の分野でしばしば話題になるのが地方自治体による「機会主義的行動」である。これは，現行の政府間財政制度を戦略的に利用して，その制度の意図とは異なる形で自己に有利になるように行動するような場合を指す。特に，住民のニーズに合わせた公共支出を行うという原則から乖離して，補助金制度の特徴を読み込んで，公共支出の決定を行うような行動を指すことが多い。例えば，公共事業を促すために国が地方自治体に補助金を出すような場合，国は補助金と公共投資に正の相関をもたらすことになるが，その関係性を利用して，国から補助金を引き出すためにあえて公共投資を増やすような行動に出る場合などが挙げられよう。

再び表3-2の3列目を見てみよう。ここからは，仮に経常的支出が1円増加した場合に補助金が0.645円増加することが示されている。もちろんこれは，何らかの理由で経常的支出が増加したことに対して補助金が支給されるという常識的な関係を意味するが，経常的支出が増加する原因を上位政府がモニタリングできない場合には，地方自治体が補助金獲得のために戦略的に利用する可能性もある。すなわち，より大きな補助金を獲得するためにあえて経常的支出を拡大する誘因を持つかもしれないのである。

ここで，図3-3にあるインパルス応答によって，経常的支出が増加した場合の反応を見ておこう。時点0において経常的支出が1円増加した場合，翌年は経常的支出が0.4～0.5円程度減少するものの，それ以降はゆるやかな増加傾向が見られる。経常的支出が増加したことによる財政バランスの回復は短期的には補助金の増加によって，長期的には投資的支出の減少によって行われていることが読み取れる。例えば，補助金は時点0から数えて4年目までは大きく増えていると同時に，いったん減少する場面は見られるものの，それ以降もおおむね増加傾向にある。経常的支出と補

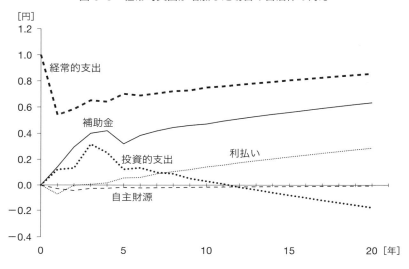

図 3-3 経常的支出が増加した場合の自治体の対応

助金が正の相関関係にあることになる。投資的支出については，補助金の増加にあわせて，いったんは増加しているが，3 年目をピークに減少に転じて，財政バランスの回復に寄与する動きを見せている。補助金と投資的支出の反応に比べると，ここでも自主財源にはほとんど動きが見られず，財政調整において自主財源がほとんど役割を果たしていないことがわかる。

経常的支出と補助金が正の相関を持つ一方で，2 列目を見てみると，投資的支出が 1 円増加した場合の補助金の増加額は 0.160 円と小さな値をとっていると同時に，この値は統計的に有意ではない。このことから，投資的支出を変数として国からの補助金を戦略的に獲得するとは考えにくいことになる。

わが国において地方自治体に機会主義的な行動をとる誘因があるかどうかについては，先行研究でいくつかの検証が試みられている。例えば，赤井ほか (2003) や Doi and Ihori (2006) ではそのような行動が示唆される結果を得ている一方で，西川・横山 (2004) は否定的な見解を示している。

本章の結果からは，公共支出の中身に応じて，機会主義的行動をとる可能性が異なることが示唆されている。経常的支出は主に扶助費など社会保障関連の義務的支出から構成されており，それらに対しては国からの継続的な支援が期待できる。そのため，経常的支出の増加が外的ショックというやむをえない理由によるものなのか，または戦略的に自治体が経常的支出を増やしているからなのかを上位政府が見極められない場合には，自治体に機会主義的に公共支出を増やす誘因が生じることになる。

4.3 財政変数の変動

ある年に投資的支出が大きく増えたとしよう。このとき通時的に予算制約を満たすために，次期以降の投資的支出が大きく抑制される場合，投資的支出の変動幅が大きい（ボラティリティが高い）といわれる。表3-2を見てみると，各変数の対角に示されてある値が，その変数の変動幅を表している。例えば，自主財源を変化元の変数として，それに反応する変数が自主財源であるケースを見てみると，自主財源がある年に1円変化した場合に，次期以降に自主財源が0.384円変化するという結果になっている。財政変数の中で変動幅が最も大きいのは－0.957という値をとっている投資的支出である。これは分析対象にしている期間において，景気刺激のための公共投資が幾度か実施されたことに起因していると思われる。

Hanai et al. (2000), Tajika and Yui (1996), Bruckner and Tuladhar (2010)などによって明らかにされているように，日本では投資的支出のうち大きな割合を公共事業やインフラ関連投資が占めているが，景気対策として，これらを拡大するという政策がしばしばとられてきたのである。また1970年代後半は，日本とドイツが低迷する世界景気を引っ張る機関車としての役割を期待された時期でもあり，国内需要の拡大のために地方自治体でも投資的支出を増やすように動機づけられた（Asako et al. 1991）。さらに1980年代になるとアメリカとの貿易収支の関係から日本国内の需要を拡大することを直接的に要請されたこともあった（Hayashi 2006）。この

需要拡大を目的とした政策に，地方自治体の公共事業拡大が用いられもしたのである。このような景気変動に応じて地方自治体の公共投資政策が用いられてきたことが投資的支出の変動を高めた理由であると考えられる。

投資的支出に比べて経常的支出の変動幅は -0.112 とかなり低く，5%水準では有意な値とはなっていない。これは経常的支出が義務的な支出を含む項目から構成されていることからも妥当な結果であると考えられる。経常的支出の変動幅よりも高いものの，自主財源や補助金，利払いの変動幅は投資的支出に比べれば小さい水準にとどまっている。

4.4 投資的支出と経常的支出の関係

50頁で示した表3-2では公共支出の内訳を投資的支出と経常的支出の2つに分類して財政調整の過程を定量化しているが，その両者は相互にどのような関係にあるのだろうか。投資的支出の代表的な例は公共投資であり，その支出効果は長期的に発現すると考えられる。他方で経常的支出は社会保障関連の支出が中心となっていることから，その効果は短期的に出てくる。両者が代替的，あるいは補完的な関係のいずれにあるのかによって，短期的な効果と長期的な効果のコンフリクトが生じるかどうかが変わってくる。

表3-2の3列目を見てみよう。経常的支出が1円増加した場合に投資的支出は0.259円減少している。これは経常的支出と投資的支出が代替的な関係にあることを意味するものである。経常的支出の増加によって短期的な効果が得られる代わりに，長期的な効果が期待される投資的支出が減少することになっている。次に2列目を見てみよう。投資的支出が1円増加すると経常的支出が0.115円増加するという結果になっている。この場合は，両者は補完関係にあることになる。前者に見られる代替関係は，経常的支出が拡大したことによって財政が圧迫されて投資的支出を抑える必要があるようになっているという解釈が自然であろう。他方，後者に見られる補完関係は，投資的支出の拡大により地域の経済が刺激され，それに

よって経常的支出を増やす余地が生まれたのではないかと推測できる。

4.5 自治体規模の違い

表3-2では，約3200自治体のサンプルに基づいて日本の自治体の財政調整メカニズムが定量的に明らかにされている。この財政調整メカニズムは，自治体の規模に関係なく同じ傾向をとるのだろうか。あるいは，自治体ごとに異なる財政調整が図られているのだろうか。それを見るために，人口で自治体を分類したうえで，それぞれの外的ショックに対する政策対応を見ていこう。

表3-3には記述統計が示されている。自治体は1977年時点の人口規模で分類され，「市」のカテゴリーは人口5万人以上の市および東京23区が含まれている。「村（大）」は人口規模が比較的大きい市町村を表しており，人口1万2000人から5万人未満の自治体がここに分類されている。同様に，「村（中）」には人口7000人から1万2000人未満，「村（小）」には人口が7000人未満の自治体で構成されている。

表3-3からは以下の2つの特徴を見出すことができる。第1に，自治体規模が小さいほど利払いが大きな値をとっており地方債がその自治体の

表3-3　記述統計

（単位：千円）

	市	村（大）	村（中）	村（小）
自治体数	676	781	818	935
自主財源	148.768	100.810	96.434	110.096
投資的支出	87.219	108.166	154.776	311.524
経常的支出	189.852	185.289	236.087	377.568
補助金	128.124	160.678	251.080	507.843
利払い	28.651	32.091	46.900	93.681
財政赤字	28.828	64.057	90.249	164.835

（注）1人当たり，2010年価格で基準化。

表3-4 割引現在価値化されたショックに対する反応の大きさ（市町村規模別）

		変化元				
		自主財源	投資的支出	経常的支出	補助金	利払い
反応先 / 自主財源	市	−0.079	−0.203	−0.125	0.054	−0.147
	村（大）	−0.106	−0.027	−0.088	−0.020	0.023
	村（中）	−0.352	0.004	−0.036	−0.031	0.006
	村（小）	−0.407	0.019	−0.003	−0.006	0.009
投資的支出	市	0.795	−1.158	−0.438	0.683	−0.837
	村（大）	0.632	−1.067	−0.448	0.606	−0.526
	村（中）	0.584	−1.086	−0.475	0.681	−0.596
	村（小）	0.382	−0.993	−0.311	0.555	−0.465
経常的支出	市	0.201	−0.169	−0.433	0.229	−0.112
	村（大）	0.124	−0.067	−0.358	0.183	−0.126
	村（中）	0.083	−0.090	−0.439	0.209	−0.050
	村（小）	−0.040	−0.001	−0.317	0.091	0.011
補助金	市	0.127	−0.185	0.207	−0.054	−0.233
	村（大）	−0.128	−0.100	0.267	−0.188	−0.031
	村（中）	0.031	−0.193	0.097	−0.061	−0.036
	村（小）	−0.256	0.020	0.397	−0.367	0.105
利払い	市	−0.183	0.182	0.198	−0.158	−0.348
	村（大）	−0.094	0.104	0.155	−0.061	−0.380
	村（中）	−0.109	0.112	0.142	−0.037	−0.373
	村（小）	−0.163	0.197	0.254	−0.141	−0.376

財政運営に大きな影響を与えていることがわかる。このことは，人口5万人未満の自治体の自主財源は平均的に見て低く，市の3分の2程度の水準にとどまっていることと裏腹の関係にある。第2に，それとは対照的に，1人当たりの投資的支出，経常的支出，および補助金はおおむね人口規模が小さい自治体ほど大きく，村（小）の値は市の2倍から4倍程度となっ

ている。
　表3-4には，自治体規模ごとに財政調整がどのように行われているのかが示されている。ここから自治体規模に関係なく成立する共通点を見ていこう。第1に，最も顕著な特徴は，自治体規模が異なっていたとしても投資的支出が財政調整のために最も大きな役割を果たしている点である。同時に，投資的支出が他の変数に比べて変動の幅が大きいのも自治体規模に関係なく共通して見られる特徴となっている。第2に，自主財源が財政調整のためにはほとんど用いられていないのも共通した特徴となっている。第3に，経常的支出の増加とともに補助金が増加しているという結果も自治体規模に関係なくおおむね成立している。
　このような共通点がある一方で自治体規模に応じた特色も見られる。第1に，規模の小さい自治体ほど自主財源の変動幅が大きいという点である。これは，自主財源における法人住民税の影響があるのかもしれない。一般的に，規模の大きい自治体ほど法人住民税が自主財源に占める割合が高い。一時的なショックに対して法人住民税は大きく反応するが，比較的短期間の間にもとの水準に戻る傾向にあると思われる。この場合，自主財源の変動幅はそれほど大きくはない。規模の大きな自治体とは異なり，規模の小さい自治体では固定資産税が自主財源の多くを占めている。例えば，このような自治体の固定資産税収に対してマイナスのショックが起きると，それが回復するのは容易ではなく，少なくとも相当程度の時間を要するであろう。
　第2に，自主財源が増加したときに投資的支出および経常的支出に与える効果は規模の大きい自治体ほど強くなっている。これは地方交付税交付金制度の影響を受けているのかもしれない。地方自治体が受ける地方交付税交付金は自主財源が増えると一定程度減少する。したがって，地方交付税交付金を受けている規模の小さな自治体では，自主財源が増加したからといってそれと同額の歳出増を行わない。なぜならば，自主財源の増加に伴って，受け取ることのできる地方交付税交付金が減少することが予想で

きるからである。逆に，地方交付税交付金に依存しない規模の大きな自治体は，自主財源の増加に伴う交付金の減少を気にする必要はない。したがって，自主財源の増加に応じて歳出を拡大することが可能となっていると思われる。

　第3に，経常的支出が増加すると補助金が増加する関係は自治体規模に関係なく共通して見られるが，補助金が増加する程度は，市に比べると最も小規模な自治体では2倍近くになっている。これは，規模の小さな自治体ほど歳出に占める経常的支出の割合は高くなりがちであり，経常的支出は義務的支出から構成されるものが多いために，国が財政力の弱い小規模自治体を支援しているという現状と整合的である。逆にいえば，4.2項の議論からすると，規模の小さな自治体ほど機会主義的行動をとりやすくなるかもしれないということになる。

5　ケーススタディ：神戸市と女川町

　最後に，外的ショックに対して通時的な財政バランスを保つための政策対応がどのようになされているのかを2つのケースを取り上げて，具体例として見てみよう。

　神戸市は1995年1月に阪神・淡路大震災に見舞われた。この地震は神戸市の支出に大きな外的ショックを与えることになった。神戸市は震災被害者の救助と震災からの復興に多額の支出を必要とし，その大部分は国からの補助金と地方債発行によって賄われた。図3-4には神戸市における財政変数の推移が示されている。この図を見ると1995年に投資的支出，経常的支出，補助金，そして財政赤字が極めて大きな変化を見せていることが確認できる。他方で，自主財源と利払いにはほとんど変化は見られない。1995年に大きく増加した経常的支出は，最も早くそれまでのトレンドに回復する動きを見せている一方で，投資的支出と補助金がもとのトレ

第 3 章　財政ショックと市町村の政策対応　　63

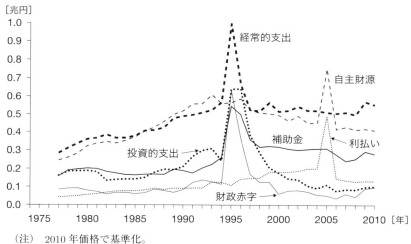

図 3-4　神戸市のケース

（注）　2010 年価格で基準化。

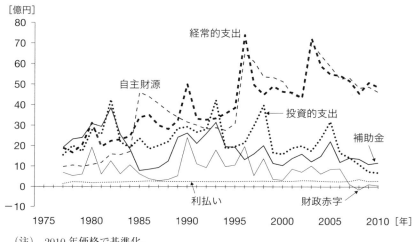

図 3-5　女川町のケース

（注）　2010 年価格で基準化。

ンドに戻るまでには5年程度かかっている。特に補助金は，1995年以前よりも一段高い位置でそれ以降推移しており，地方債発行を余儀なくされた神戸市の財政調整をサポートする形になっている。この事例は，震災という外的ショックが神戸市において，投資的支出と経常的支出の増加を余儀なくさせ，それに対して，地方債と国からの補助金が財政調整の機能を強く果たしたことを示すことになっている。

次に図3-5を見てみよう。図には女川町の財政変数の推移が描かれている。女川町では，女川原子力発電所1号機が1984年に稼働し，それ以降，1995年に2号機，2002年に3号機が稼働を始め，原発関連の税収，特に固定資産税収が相当規模で確保されていた。

しかし，固定資産は順次償却していくため，時間の経過とともに固定資産税は減少する。そのため原発立地の時期と絡んで自主財源額が変動していることを図から読み取ることができる。経常的支出の動きを見ると，自主財源の動きと似通っていること，また投資的支出については自主財源の動きから数年遅れて同様の変化をしていることが読み取れる。それと同時に国からの補助金は減少している。このケースからは，自主財源の増加に対して，経常的支出が早い段階で反応する形で予算制約がバランスされ，また投資的支出も一定時期の遅れを伴って財政調整を果たしていることがわかるであろう。

6 おわりに

本章では，外的ショックに伴ってある財政変数に対して変化が生じたときに，わが国の自治体が通時的な予算制約を満たすために，どのような対応を行ってきたのかを考察してきた。具体的には，何らかの理由で財政変数に生じた外的ショックに対して，自治体はどの財政変数を財政調整の調整弁として用いてきたのかという問いに答えてきた。また，自治体の規模

を考慮した分析を行うことで，そのような財政調整が自治体の規模によって類似したものとなるのか，あるいは自治体の規模に応じて異なったものとなるのかという一歩踏み込んだ考察を行った。

　ここから明らかになったことを簡潔にまとめると以下のようになる。第1に，自治体の予算制約のバランスを崩すようなショックが生じた際には，投資的支出を変化させることで財政バランスを果たそうとしてきた一方で，経常的支出や利払い，自主財源が財政調整のために用いられる程度は極めて小さかった。第2に，国からの補助金も自治体の財政調整において一定程度の役割を果たしてきた。同時に，国からの補助金には地方財政研究でこれまで分析されてきたフライペーパー効果の存在，および自治体による機会主義的行動を誘発する可能性が示唆される結果を得ている。

　これら2つの結論は，ともに自治体の規模に関係なく成立するものである一方で，自治体の置かれている環境によっては異なる反応を見せるものもあった。例えば，自主財源が増加した場合，より規模の大きい自治体ほど投資的支出，経常的支出の双方ともにより大きく増加する傾向が見られた。また，経常的支出の増加に対しては，より小さい自治体ほど補助金の増加が大きくなる傾向も明らかになった。

　あるショックに対して，どの自治体にも共通した政策対応が見られると同時に，本章の最後に取り上げた2つの事例で見られるように，個別のケースを詳細に見ていくことで，ショックの内容によって財政調整のメカニズムがどう違うかをより深く知ることが可能になる。このような事例に基づいた分析については，第Ⅱ部の各章で展開されていくことになる。また，自治体がどのような対応をしてきたのかという事実解明的な考察に加えて，他の国の自治体の対応と比べた場合の日本の特徴についての考察を行うことで，本章で明らかにしたわが国の自治体の政策対応の妥当性についての見解を提示することもできるかもしれない。これについては，次章の分析の中で試みてみたい。

参考文献

赤井伸郎・山下耕治・佐藤主光 (2003)『地方交付税の経済学——理論・実証に基づく改革』有斐閣。

赤松礼奈・平賀一希 (2011)「都道府県財政の持続可能性について」京都産業大学ディスカッションペーパー No. 2011-02。

沖本竜義 (2010)『経済・ファイナンスデータの計量時系列分析』朝倉書店。

鷲見英司・川瀬晃弘 (2012)「90年代以降の地方財政運営と持続可能性の検証」齊藤愼編『地方分権化への挑戦——「新しい公共」の経済分析』大阪大学出版会。

土居丈朗 (1996)「日本の都市財政におけるフライペーパー効果——地方交付税と国税減税の等価性の検証」『フィナンシャル・レビュー』40：95-119頁。

土居丈朗 (2000)「日本の都市財政におけるフライペーパー効果とスピルオーバー効果」『三田学会雑誌』93 (1)：75-90頁。

西川雅史・横山彰 (2004)「地方政府の徴税インセンティブ——徴収率の格差と地方交付税制度」『日本経済研究』50：165-179頁。

宮良いずみ・福重元嗣 (2001)「日本の市町村財政におけるフライペーパー効果」『日本経済研究』42：144-161頁。

持田信樹 (2015)「地方政府債務の持続可能性」日本財政学会編『協働社会における財政——財政研究 第11巻』有斐閣。

Asako, K., T. Ito, and K. Sakamoto (1991) "The Rise and Fall of Deficit in Japan, 1965-1990," *Journal of the Japanese and International Economies*, 5 (4): 451-472.

Bessho, S. and H. Ogawa (2015) "Fiscal Adjustment in Japanese Municipalities," *Journal of Comparative Economics*, 43 (4): 1053-1068.

Bruckner, M. and A. Tuladhar (2010) "Public Investment as a Fiscal Stimulus: Evidence from Japan's Regional Spending during the 1990s," IMF Working Paper 10/110.

Buettner, T. and D. E. Wildasin (2006) "The Dynamics of Municipal Fiscal Adjustment," *Journal of Public Economics*, 90 (6-7): 1115-1132.

Doi, T. and T. Ihori (2006) "Soft-budget Constraints and Local Expenditures," CIRJE Discussion Papers F-422, University of Tokyo.

Gramlich, E. M. and H. Galper (1973) "State and Local Fiscal Behaviour and Federal Grant Policy," *Brookings Papers on Economic Activity*, 1: 15-65.

Hanai, K., E. Tajika, and Y. Yui (2000) "Financing Growth and Local Governments in Japan: Why Does the Government Keep Growing?" *Hitotsubashi Journal of Economics*, 41 (2): 153-162.

Hayashi, M. (2006) "Comments on 'Fiscal Decentralization in Japan: Does It Harden the Budgets of Local Governments?'" In K. Kaizuka and A. O. Krueger eds., *Tackling Japan's Fiscal Challenges: Strategies to Cope with High Public Debt and Population Aging*, 144-152, Palgrave Macmillan.

Nagamine, J. (1995) "Japanese Local Finance and the 'Institutionalized' Flypaper Effect," *Public Finance/Finances Publiques*, 50 (3): 420-441.

Tajika, E. and Y. Yui (1996) "Public Policies and Capital Accumulation: Japan at the Dawn of Economic Growth," *Hitotsubashi Journal of Economics*, 37 (2): 135-153.

第4章

財政ショックへの政策対応の国際比較

小川　光

1　はじめに

2　国際比較

3　4つの政策的関心——フライペーパー効果，徴税インセンティブ，機会主義的行動，自治体規模

4　財政調整のあり方

5　おわりに

1 はじめに

　地方財政の運営は国によって多様な形態がとられている。支出の内訳や財源調達方式といった数値で表されるものから，権限や責任の度合いといった数値で表しにくいものまで，その国の置かれている環境や成り立ちに応じて異なる様相を見せている。しかし，地方財政運営の姿に一致が見られないとしても，その目的の方向性については共通している。マスグレイブの3原則に沿っていえば，政府の目的は地域の住民の厚生をなるべく高めること，住民間の極端な格差を是正すること，そして景気変動等から受ける悪影響を小さくし，住民が安定した生活を営めるようにすることである。もし地方財政運営の形態が各国で同じであれば，それらを比較する意味はほとんどないであろう。各国が採用する同じような運営方法が，先に挙げた政府の目標に近づけるかどうかを議論すればよい。しかし，各国が異なるやり方で地方財政を運営しているのであれば，それらを比較することに意味が出てくる。国際比較を通じて，どの国の運営方法によって，目標により早く，より効率的に近づくことができるのかに対する洞察を与えることができるのである。

　本章では，前章の考察を受けて，財政変数に生じる外的ショックに対する地方自治体の反応について国ごとにどのような類似性があり，また，どのような差異があるのかを明らかにすることを目的とする。第1章で触れたように，ある国で生じた何らかのショックはその国にとどまることなく，広く他国，とりわけ外的なマクロショックの影響を調整することが期待される政府の政策にも影響を与える。このことは，各国政府は異なる財政制度のもとで財政運営を行っているがゆえに，外的ショックに対する反応も異なったものになることを予想させる。他方で，財政制度が異なっていたとしても，国の違いにかかわらず共通した対応を行っていることがあるかもしれない。本章では，日本の地方自治体の政策反応を明らかにした前章

の結果を，これまでに先行研究において明らかにされてきた他国の政策反応と比較することを通じて，どのような点で類似点があり，どのような点で違いがあるのかを抽出し，そこから日本の地方自治体の政策対応の相対的な特徴を明らかにする。

　本章で日本の比較対象として取り上げるのは，アメリカ，ドイツ，スペインの3か国である。これらの国々を取り上げるのには理由がある。それは，これらの国については，ベクトル誤差修正モデル（VECM）アプローチを用いて地方政府の政策反応を明らかにした先行研究が存在しており，前章で分析した日本のケースと統一的な形で比較することが可能であるためである。それに加えて，地方財政運営が日本と異なる国と比較的似通った国との比較を行うことで，日本の地方自治体の政策反応の特徴を見出すことが可能となるためである。つまり，連邦国家としてより分権化された地方財政運営を行っているアメリカやドイツとの比較を通じるルート，また日本と同じ中央集権的国家であるスペインとの比較を通じるルートの双方から，日本の地方自治体の政策反応の特徴および各国との類似点を抽出することができるのである。

　次節以降では，国際比較という方法によって，財政変数に与えるショックに対する自治体の財政調整メカニズムに，国によってどのような差異が見られるのかを明らかにしていこう。また，国ごとの財政調整メカニズムの違いと同時に，その類似性を抽出することで，制度や置かれている経済環境に依存しない各国自治体の行動様式を明らかにしてみよう。

2　国際比較

2.1　比較対象の国

何らかのショックによって地方政府の財政バランスが崩れたときに，通

時的にどのように財政調整を行っているかを解明するためには，パネルデータが必要となる。現時点において，VECM アプローチによって財政調整を分析した研究が対象としている国は，アメリカ，ドイツ，スペイン，日本，イスラエル，そしてノルウェーの6か国ある。ただし，イスラエルとノルウェーについては，サンプル期間がそれぞれ7年，11年と短いために，長期的な財政調整を明らかにすることができていない。したがって本章では，国際比較の対象として先にも述べたように，アメリカ，ドイツ，スペイン，そして日本の4か国を取り上げることとする。この4か国を分析した研究の分析期間や自治体数などを整理すると表4-1のようになる。

前章で説明した予備的考察として，自治体ごとに異なる収支レベルに収束する可能性を考慮するために固定効果モデルを採用すべきかどうかを検討する必要があるが，ここで取り上げるすべての研究において，その検討を経たうえで通常のOLS推定が行われている。また，ラグ期の特定，すなわち，ある年の財政変数の変化が過去何年に遡って他の財政変数から影響を受けているかを特定する必要もあるが，それについては，スペインが3年とやや短く，日本とアメリカがそれぞれ4年，ドイツが最も長く6年のラグを伴うという結果になっており，国によって多少その長さが異なっている。

表4-1に示されている4か国を対象にした研究は，ほぼ統一的な手法のもとでなされているが，政策手段の数に若干の差が見られることに注意しておきたい。アメリカおよびスペインを対象にした Buettner and Wildasin (2006) と Solé-Ollé and Sorribas-Navarro (2012) では，（地方税を中心にした）自主財源，公共支出，補助金，利払いの4変数による財政調整が明らかにされている。それに対して，ドイツを対象とした Buettner (2009) および日本を対象とした Bessho and Ogawa (2015) は，それぞれ，補助金と公共支出の中身をより細分化した考察を行っている。ドイツの地方自治制度においては自治体間の水平的な財政移転が大きな役割を果たしていることから，Buettner (2009) は，補助金と財政移転の2つの政策手段に分

表 4-1 対象とする国

	国	期間	自治体数	財政変数 歳入項目	財政変数 歳出項目	政策ラグ
Buettner and Wildasin (2006)	アメリカ・市	1972-1997 (26 年)	1270	自主財源（税）・補助金	公共支出・利払い	4 年
Buettner (2009)	ドイツ・バーデン＝ヴュルテンベルク州	1974-2000 (27 年)	1102	自主財源（税）・補助金・水平的財政移転	公共支出・利払い	6 年
Solé-Ollé and Sorribas-Navarro (2012)	スペイン・カタルーニャ州	1988-2006 (19 年)	258	自主財源（税）・補助金	公共支出・利払い	3 年
Bessho and Ogawa (2015)	日本・市町村	1977-2010 (34 年)	3210	自主財源（税）・補助金	投資的支出・経常的支出・利払い	4 年

けた考察を行っている。また，Bessho and Ogawa (2015) では，分析対象期間において，他国に比べて日本の公共支出額が大きく，また特徴的な動向を示していることから，前章で見たように公共支出を経常的支出と投資的支出に分けたうえで分析を行っている。

2.2　ショックに対する政策対応

以下では，ある財政変数に外的な変化が生じたときに，通時的な予算制約を満たすためにその変数自身を含む諸変数がどのように反応しているかを具体的に見ていこう。

◆ 自主財源の変化に対する反応

図 4-1 には，自主財源が増減する外的ショックが生じたときに，各国の地方自治体がどのような手段で，またどの程度の調整を行っているかが示されている。図にある数字は，前章と同様に割引現在価値化された値をとっており，5％水準で有意な反応を示しているものを取り上げている。

図 4-1 の理解を助けるために，いま，自主財源が何らかの理由によって 1（貨幣）単位増加したとしてみよう[1]。このとき，各国の自治体に共通

---

[1] 国によって通貨単位が異なるため，以下では，「(貨幣) 単位」として表現する。

して見られる政策対応が2つある。第1に，予算制約を満たすために，どの国においても将来の自主財源（税）を減少させていること，第2に，投資的支出と経常的支出の双方を含む一般的な支出（以下，公共支出）を増加させていることである。ただし，それぞれの国で，その調整規模には差が見られる。例えば自主財源1単位の増加に対して，公共支出がアメリカでは0.508単位と他国に比べて大きく増加している。自主財源の増加に対して，アメリカの半分程度の規模（0.261単位）でしか公共支出を増加させていないスペインでは，将来の自主財源を0.709単位低下させており，他国に比べて次期以降の自主財源を大きく減少させるという形で財政バランスの回復を図っていることがわかる。

　自主財源の変化に対する財政調整として，国による特徴もいくつか見られ，特に，日本においてそれが顕著である。他国に見られない特徴として，自主財源が1単位変化することに対して，地方債利払いと補助金が大きく反応している。図4-1からは，自主財源が1単位減少したときに，上位政府からの補助金が0.398単位増加し，将来の地方債利払いが0.221単位増加することがわかる。自主財源の変化に対してアメリカでは補助金が，ドイツでは利払いが小さな反応を見せているが，補助金と利払いの反応は日本で突出している。

　日本では，自主財源の反応がドイツやスペインに比べて小さな値をとっているのとあわせて考えると，自主財源が外的ショックによって減少したことに対して，地方税等の自主財源でショックの影響を調整するよりも，他国同様に公共支出を増減させること，そして，他国に見られない特徴として，上位政府からの補助金に頼った財政調整を行っていることがわかる。とりわけ，日本に関する分析は，公共支出の中身を投資的支出と経常的支出に分解して行っており，そこからは，自主財源の変化に対しては，投資的支出を変化させることで対応しており，経常的支出は有意な反応を見せていないことがわかる。

図 4-1 自主財源の変化に対する反応

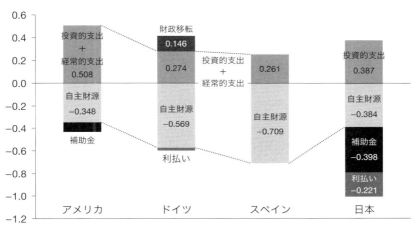

◆ 公共支出（投資的支出・経常的支出）の変化に対する反応

図 4-2 には，公共支出が外的ショックによって変化した場合に，各国の自治体がどのような手段で，またどのような規模で財政をバランスさせようとしているかが示されている。日本については公共支出を投資的支出と経常的支出に分けた分析がなされているので，それぞれを分けて示している。これを見ると，公共支出（日本の場合は投資的支出）が一時的に増加するショックを受けた場合，すべての国で，そのショックは大部分を将来の公共支出の変化によって調整されていることが読み取れる。特に，日本においてそれが顕著であり，1単位の投資的支出の増加に対しては，将来の投資的支出を 0.957 単位減少させる形で財政バランスの回復を図っている。

他方，外的ショックによって日本の経常的支出が変化したときに対する政策反応は，投資的支出の変化の場合とは異なる反応を見せている。経常的支出が 1 単位増加したとしても，将来的な経常的支出の減少は有意に観察されない。代わりに，投資的支出を減少させるとともに，上位政府からの補助金および将来の地方債利払いが大きく増加している。経常的支出は

図 4-2 公共支出の変化に対する反応

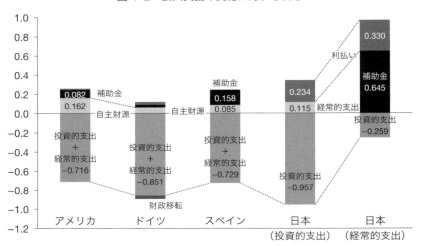

社会福祉など義務的な支出から構成されているために，投資的支出のように先送りや先食いをすることが困難である。そのため，同じ公共支出でも，投資的支出の場合とは大きな違いを見せていることがうかがわれる。公共支出の変化に対して財政バランスの回復を図る手段として，日本以外の国では，アメリカをはじめ，自主財源が多少なりともその役割を果たしている一方で，日本では，自主財源を政策手段として用いているという結果は有意に得られていない。

なお，前章で見たように，公共支出の内訳を経常的支出と投資的支出に分けた日本の分析からは，両者の関係を見ることができる。図 4-2 によれば，日本の投資的支出が 1 単位増加した場合，経常支出が 0.115 単位増加する反応を見せている。つまり，投資的支出の増加に対して財政収支の回復とは逆方向に経常的支出が増えているのである。他方で，経常的支出が変化した場合には，投資的支出は 0.259 単位減少している。ここから，投資的支出と経常的支出は，財政調整に果たす役割に非対称性があることになる。

◆ 補助金の変化に対する反応

図4-3には，上位政府からの補助金が1単位変化したときの自治体における財政調整が示されている。先に見た自主財源と公共支出の場合とは異なり，上位政府からの補助金が外的に変化した場合の反応については，おおむね各国で大きな差は見られない。どの国においても，将来の補助金が増減し，また，公共支出（日本は投資的支出）を変化させることで通時的に財政バランスを回復している。その中では，アメリカにおける自主財源と日本における地方債利払いがやや特徴を見せている。アメリカにおいては，上位政府からの補助金が1単位減少した際には，自主財源を0.144単位増加させることで財政調整を図っている，また，日本では自主財源で財政調整を図るということは有意に観察されない一方で，地方債の利払いが有意に反応を見せている。

◆ 地方債利払いの変化に対する反応

最後に，地方債の利払いを増減させるショックが起きた際の財政調整が

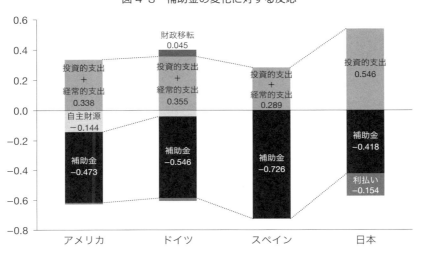

図4-3 補助金の変化に対する反応

図4-4に示されている。地方債利払いの1単位増加に対しては、スペインを除く3か国において、公共支出（日本は投資的支出）を大きく減少させているのが特徴的である。特にドイツでは、地方債の利払いが1単位増加することに対して、公共支出を0.991単位減少させることで対応している。

また、上位政府からの補助金も0.447単位減少している。このことから、地方債の利払い増加に伴って上位政府からの補助金が減少する状況に直面する地方自治体が、公共支出を大きく減少せざるをえないことが推測され、利払いの変化に対しては、他国に比べて敏感になっている様子がうかがわれる。逆に、スペインにおいては、地方債の利払いが変化するような外的ショックに対しては、将来の利払いを変化させることで対応しているのみであり、その他の政策手段は財政調整に役割を果たしていないことになる。

さらに、公共支出および補助金の増減に対する反応と同様に、ここでもアメリカとドイツにおいては自主財源が財政調整に一定の役割を果たしていることがわかる。地方債の利払いが1単位増加した場合、自主財源がア

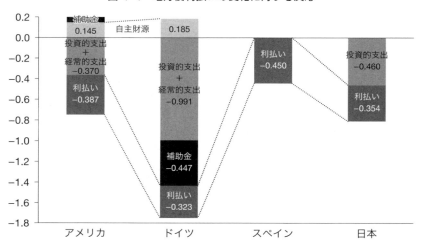

図4-4　地方債利払いの変化に対する反応

メリカでは 0.145 単位，ドイツでは 0.185 単位増加することによって財政バランスを回復させている。

2.3 主要な財政調整手段

図4-5～図4-8には，各国において，外的ショックによって生じた財政のアンバランスを回復するためにどの政策手段が最も用いられているかが示されている。

図4-5は日本のケースである。例えば，第2列目にある投資的支出を見てみよう。ここには，補助金，自主財源，投資的支出，経常的支出，利払いの各変数について1単位の変化が外的に生じた場合に，投資的支出がそれぞれに対して 0.546 単位，0.387 単位，0.957 単位，0.259 単位，0.46 単位変化することで財政調整が図られていることが示されている。すなわち，投資的支出はどの変数が増減したときにも，財政調整手段として用いられていることになる。第3列目の経常的支出について同様の読み方をすると，投資的支出が1単位変化したときにのみ経常的支出は 0.115 単位増

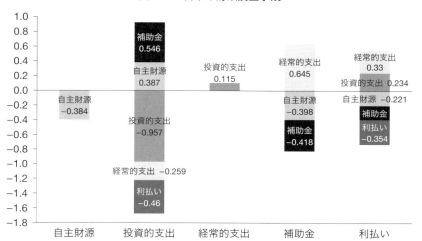

図4-5　日本の財政調整手段

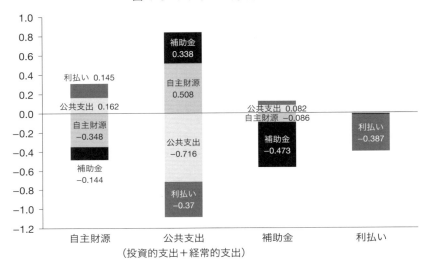

図 4-6　アメリカの財政調整手段

加する形で反応するのみで，それ以外の財政変数に外的ショックが生じたとしても経常的支出は反応していない。

　同じことは第 1 列の自主財源についても同様である。ある年の自主財源が 1 単位変化したときに，それ以降の自主財源が財政バランスを回復するように反応しているのみであり，それ以外の財政変数の変化に対する反応は見られない。補助金と地方債利払いは，経常的支出および自主財源よりもかなり大きな反応を見せているものの，投資的支出の反応に比べればかなり小さい。

　ここからわかるのは，他の政策手段に比べて投資的支出が相当程度の規模で調整弁として用いられているということである。他方で，経常的支出と自主財源は，財政調整手段としては，ほとんど機能していないことも同時に読み取ることができる。

　同様の見方によって，図 4-6〜図 4-8 をもとに，その他の国の特徴を見てみよう。まず共通してわかることは，どの国も投資的支出を含む公共支

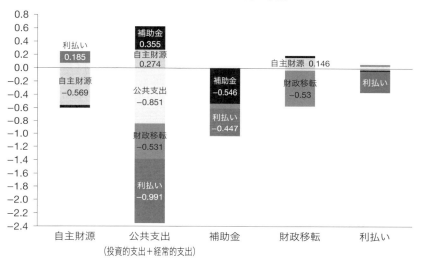

図4-7 ドイツの財政調整手段

出が財政調整のために最も大きな役割を果たしているということである。とりわけそのスケールにおいては、ドイツと日本で公共支出の果たしている役割がアメリカ、スペインに比べて顕著に大きい。他方で、国によって、財政調整メカニズムに違いも見られる。例えば、アメリカにおいては、公共支出に次いで財政調整機能を果たしているのが自主財源である。地方債の利払い、補助金、公共支出、自主財源のどの変数への外的ショックに伴う財政バランスの崩れに対しても、それを回復する手段として自主財源が偏りなく用いられている。本節の冒頭でも指摘したとおり、ドイツにおいては、自主財源、補助金とともに水平的な財政移転も外的ショックの調整弁としての機能を果たしている。スペインでは、すべての財政変数が同程度の財政調整機能を果たしているが、その特徴的なこととして、調整が硬直的であることが読み取れる。すなわち、ある財政変数に外的ショックが起きた場合に、財政調整は主として当該変数を用いて行われている。逆にいえば、例えば、上位政府からの補助金が一時的に減少したことに伴って、

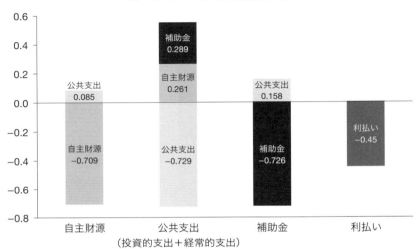

図 4-8　スペインの財政調整手段

自主財源を増加させたり，利払いを抑えたりするという形で，柔軟な財政調整が行われていないことを意味している。

　対象としている 4 か国との比較によって日本の特徴を整理すれば，以下の 3 点にまとめられよう。第 1 に，他国と同様に公共支出，とりわけ投資的支出が財政調整機能において果たしている役割は大きい。特にスペインやアメリカに比べると 2 倍程度の規模で財政調整を行っている。第 2 に，上位政府からの補助金が一定程度の財政調整の機能を果たしている。アメリカでは補助金の役割が相対的に小さいのとは対照的である。第 3 に，地方税を中心とする自主財源と経常的支出は財政調整機能に役割をほとんど果たしていない。アメリカとドイツにおいては，自主財源は公共支出に次ぐ規模で財政調整に役割を果たしているという結果と対照をなすものである。

　日本において，自主財源と経常的支出が財政調整機能を相対的に果たしていないという結果は，直感的なわれわれの理解を裏付けるものである。

経常的支出は人件費・扶助費等，必ず支出しなければならない「固定費」の側面が強いため，何らかの財政変数が外的ショックを受けたとしても，それを吸収するための調整弁とすることは困難である。また，自主財源が財政調整機能を果たしていないことは，例えば Mochida (2001) などによって指摘されているとおり，日本の自治体は他国に比べて地方税を柔軟にコントロールできないことに起因していると考えられる。

3 4つの政策的関心──フライペーパー効果，徴税インセンティブ，機会主義的行動，自治体規模

本節では，前章でも触れた，これまでの地方財政研究において多くの関心を引いてきた4つの問題，すなわち，フライペーパー効果の存在，補助金支給に伴う徴税インセンティブの低下，自治体の機会主義的行動の有無，そして自治体規模による政策対応の違いについて検討を加えてみよう。

3.1 フライペーパー効果

第1の問題は，前章で日本のケースについて見た「フライペーパー効果」の有無である。再び75頁の図4-1を見てみよう。自主財源が1単位増加したときに，どの国も次期以降の自主財源が減少している。その分を差し引いて，通時的な予算制約の中での自主財源の増加に対して公共支出がどの程度増えたかをアメリカ，ドイツ，スペイン，日本について計算してみると，それぞれ 77.9%，63.6%，89.7%，62.8% となる[2]。

次に77頁の図4-3を見てみよう。上位政府からの補助金が1単位増加したときに，次期以降の補助金が減少している。それを考慮したうえで，通時的な予算制約の中で補助金の増分に対して公共支出がどの程度増加しているかを計算してみると，アメリカ，ドイツ，スペイン，日本の順にそ

---

[2] 日本を例にすると $0.387/(1-0.384) = 0.628$ と計算される。

れぞれ 64.1%, 78.1%, 105.5%, 93.8% となる。日本以外の国では両者の差が 10 数% ポイントであるのに対して、日本では 30% ポイント以上の差がある。

Solé-Ollé and Sorribas-Navarro (2012) は、補助金の増加分のほぼすべてが公共支出の増加につながっている点から、スペインにおけるフライペーパー効果の存在を強く主張している。それをもとにすれば、日本においても、補助金の増加に対して 9 割を超える水準で投資的支出が増加している一方で、自主財源の増加に対する投資的支出の増加は 6 割程度にとどまっており、他国に比べてフライペーパー効果が存在している可能性が高いといえよう。

3.2 徴税インセンティブ

77 頁の図 4-3 で示される補助金の変化に対して自主財源がどのように反応しているかを見ることで、上位政府からの補助金支給によって地方自治体が自主財源を増やす努力を低下させるのではないかという問題に対する考察が可能となる。これは、しばしば政府部門における「ソフトな予算制約問題」、あるいは、自治体における「モラルハザード問題」に関連付けて議論できるものである[3]。

先に述べたように、上位政府からの補助金が増えることに対する自主財源の反応は、ドイツでは値は小さいものの有意に負、アメリカでは一定程度の大きさをもって有意に負の値をとっている。このことは、特にアメリカにおいて、地方自治体は補助金を受け取ることによって自主財源を拡充しようとするインセンティブを低下させていることを示唆する結果となっている。

スペインと日本においては、補助金の外的変化に対して自主財源が有意

---

3 例えば赤井ほか (2003)、山下 (2003)、西川・横山 (2004)、宮崎 (2010) などを参照のこと。

に減少するという反応は見られない。他方で，日本を対象とした複数の研究が，国からの地方交付税が地方自治体の徴税インセンティブを低めるのか，あるいは，地方自治体や公営企業の効率的な運営を阻害することにつながっているのかを分析しており，現状では，有意に負の影響を与えているとするものが多いように思われる。VECMによる分析は，必ずしも補助金が自治体の自主財源拡大に与える影響を測定するものではないが，図4-3の結果をやや広めに解釈すれば，日本とスペインにおいてはアメリカとドイツと異なり，補助金が何らかの理由で増加したからといって自主財源を減らす方向には反応していないということが示唆できよう。

3.3 機会主義的行動

地方自治体が何らかの事情によって公共支出を拡大せざるをえなくなったときに，上位政府からの補助金によってそれがサポートされたとしよう。すると，この関係を考慮した地方自治体が，今度は，公共支出を拡大することで補助金の呼び込みを期待する行動をとるようになるかもしれない。前章では，このような行動を地方自治体による「機会主義的行動」と呼んだが，日本において，自治体がそのような行動をとる可能性があるかどうかについて76頁の図4-2をもとに再度確認しておこう。

図4-2では，公共支出が1単位増加するときに補助金がどの程度増加しているかを読み取ることができる。例えばわが国では，投資的支出の増加に対して上位政府からの補助金が増えるということは観察されていないが，経常的支出が1単位増加したときには補助金が0.645単位増加していることがわかる。このことは，外的理由によって経常的支出が増加した場合に補助金を増加させることで財政バランスの回復を図っていると解釈できる一方で，経常的支出の増加要因が外的ショックにあるのか，自治体の機会主義的な行動にあるのかを国が把握できない場合は，自治体が戦略的に経常的支出を増加させることで上位政府から受け取る補助金を拡大させることができることを意味している。

同様の傾向は，規模は小さいものの他国でも有意に観察されている。特にアメリカとスペインでは，公共支出を1単位増加させた場合に補助金が0.082単位，0.158単位増加するという形で財政バランスの回復が図られており，公共支出を増加させるコストを低く見積もって行動する可能性を見てとれる。

仮に公共支出を増加させることによって補助金増を見込んでいるとすれば，補助金財源を他の自治体に押し付けていることになり，公共支出が過大となる要因となりうることを示唆している。そして，公共支出の増加の原因を把握できない場合には，図4-2に見られる反応の大きさからすると，上位政府が直面する自治体による機会主義的行動をとられるリスクは日本において最も大きいことになる。

3.4 自治体規模の違い

前節で紹介した分析結果は，同じ国の中の地方自治体は同じ財政調整プロセスをたどるという前提で得られている。しかし，外的ショックに対する財政の反応は大きな自治体と小さな自治体で異なるかもしれない。自治体の規模によって政策実施上の権限が異なるかもしれないし，国との関係の中で政治的な影響力も異なっているかもしれないからである。実際に，人口で測った自治体規模に応じて国から与えられている権限や地方債発行の条件などが異なる制度を採用する国もある。本節では，各国の財政調整プロセスが自治体の規模によって異なるかどうかを見てみよう[4]。

Buettner and Wildasin (2006) では，アメリカの市レベルについて，人口規模で下位25%の市を小さい規模の自治体，上位25%の市を規模が大きい自治体という分類を行っており，表4-2に彼らの結果が示されている。自主財源が外的ショックにより1単位低下した場合を例に，この表の読み

---

4 スペインについては Solé-Ollé and Sorribas-Navarro (2012) によって提供されている情報量が少なく他の国との比較が難しい。

表 4-2　アメリカの財政調整

		変 化 元			
		自主財源	公共支出	補助金	利払い
反応先	自主財源	−.420* −.320*	.204* .115*	−.188* −.132*	.306* .058
	公共支出	.443* .511*	−.696* −.696*	.262* .404*	−.319* −.298*
	補助金	−.075* −.112*	.056* .148*	−.502* −.424*	−.018 .180*
	利払い	−.002 −.014	.015* .029*	−.012 −.033*	−.337* −.408*

（注）　上段の数字が小規模自治体，下段の数字が大規模自治体。*は5％水準で統計的に有意であることを示す。

方を説明しよう。ある年に自主財源が減少した場合，通時的な予算制約を満たすために，他の財政変数を一定とした場合には，それ以降の期において自主財源を増やす必要がある。表4-2の1行1列目を見ると，小規模自治体では，ショックが生じた年以降に0.42単位の自主財源増が図られているのに対して，大規模自治体では0.320単位の自主財源増という反応を見せていることになる。

同様にしてこの表を読むと，自治体規模の違いによって自主財源が変化したときの公共支出の反応にどの程度違いがあるのかもわかる。2行1列目を見ると，自主財源の1単位低下に対して，小規模自治体では公共支出が0.443単位低下し，大規模自治体では0.511単位の低下を見せている。

同様の見方によってアメリカの自治体の反応を自治体規模に応じて見ていった場合，大まかにいうと，補助金や自主財源などの収入項目にショックが起きた場合，その後の財政調整プロセスは自治体の規模によって大きな差は見られないことがわかる。他方で，公共支出や地方債利払いといった支出項目にショックが生じたときの反応は自治体の規模に応じて大きな差が見られている。例えば，公共支出が外生的に増えたときには，小さい

自治体ほど自主財源を増やすことで財政バランスをとろうとしている。具体的には，公共支出が1単位増えたときに小さい自治体は自主財源を0.204単位増加させる一方で，規模の大きな自治体では0.115単位しか自主財源は増えていない。規模の大きな自治体では自主財源の代わりに補助金の増額が大きい。公共支出が1単位増加したときに，小規模自治体では補助金はわずかに0.056単位しか増えていないにもかかわらず，大規模自治体では補助金が0.148単位増加することで財政調整が行われている。利払いの変化についても同様である。利払いが1単位増加したときに小規模自治体では0.306単位の自主財源の拡大で対応し，補助金は有意な反応を見せていない。大規模自治体では逆に，自主財源が有意な反応を見せずに補助金が0.180単位増加することで財政が調整されている。

　次にドイツについて見てみよう。Buettner and Wildasin (2006) による自治体の規模分離方法を用いた Buettner (2009) の結果が表4-3にまとめられている。ドイツの場合もアメリカのケースと同様に，収入項目のショックに対する財政調整プロセスは自治体の大きさによって大きな差は見られない。たとえば，Buettner (2009) の研究の特徴の1つは水平的な財政移転を考慮した財政調整を考察しているところにあるが，外的ショックを理由にした財政移転額の変化に対しては，自治体規模によって財政調整が顕著に異なるということは観察されない。表の4列1行目には，財政移転が変化した際に，それ以降の年において自主財源がどのように反応したかが示されているが，自治体の規模にかかわらず，その反応は有意ではない。また，4列2行目は財政移転の変化に対する公共支出の反応が示されているが，その値は小規模自治体で−0.499単位，大規模自治体で−0.501単位とほぼ同じ値をとっている。収入項目での自治体規模による反応の違いを強いて挙げれば，小規模自治体で−0.597単位，大規模自治体で−0.534単位という数字をとっていることから，アメリカ同様，規模の小さい自治体のほうが財政調整における自主財源の役割が幾分か大きいということが挙げられるであろう。

表 4-3 ドイツの財政調整

		変化元				
		自主財源	公共支出	補助金	財政移転	利払い
反応先	自主財源	−.597* −.534*	.051* .105	−.032* −.056	.002 −.005	.141 .529*
	公共支出	.295* .245*	−.893* −.763*	.373* .364*	−.499* −.501*	−1.062* −.623*
	補助金	.012 −.024	.005 .062*	−.545* −.492*	−.047 −.018	−.557* −.262*
	財政移転	.113* .189*	−.042* −.055*	.040* .062*	−.529* −.504*	.054 .141*
	利払い	−.022* −.038*	.024* .048*	−.016* −.033*	.021* .039*	−.413* −.290*

(注) 上段の数字が小規模自治体，下段の数字が大規模自治体。*は5％水準で統計的に有意であることを示す。

　支出サイドへのショックを見てみると，ここでも全般的にはアメリカのケースと同じ傾向が見られる．例えば，公共支出が増加したときに大規模自治体では自主財源は財政調整に用いられていないが，小規模自治体では0.051単位と小さい値ながらも正で有意な反応を見せているといった点が挙げられる．

　ドイツで特徴的な水平的財政移転が果たす財政調整に対する役割については，規模の大きな自治体においてそれが積極的な役割を果たしていることを読み取れる．1列4行目を見ると自主財源が1単位変化したときの財政移転の反応は小規模自治体で0.113単位，大規模自治体で0.189単位となっており，大規模自治体での反応のほうが大きい．この傾向は他の財政変数が変化したときについてもいえる．4行目を2列目，3列目と右方向に見ていくと，いずれの場合においても大規模自治体における財政移転の反応のほうがその規模が大きくなっている．

　アメリカとドイツにおける財政調整プロセスに対する自治体規模の影響

表 4-4 日本の財政調整

		変 化 元				
		自主財源	投資的支出	経常的支出	補助金	利払い
反応先	自主財源	−.407* −.079	.019 −.203	−.003 −.125	−.006 .054	.009 −.147
	投資的支出	.382* .795*	−.993* −1.158*	−.311* −.438*	.555* .683*	−.465* −.837*
	経常的支出	−.040 .201*	−.001 −.169	−.317 −.433*	.091* .229*	.011 −.112
	補助金	−.256* .127	.020 −.185	.397* .207	−.367* −.054	.105 −.233
	利払い	−.163* −.183*	.197* .182*	.254* .198*	−.141* −.158	−.376* −.348*

（注）　上段の数字が小規模自治体，下段の数字が大規模自治体。*は5％水準で統計的に有意であることを示す。

は比較的似通った傾向にあるが日本の場合はどうであろうか。前章でも見たように，Bessho and Ogawa (2015) では，人口規模に応じて自治体を4分類したうえで，自治体規模による反応の違いを分析している。他の国と合わせるために，ここでは人口が7000人以下の小規模自治体と東京23区を含んだ人口5万人以上の市における反応を表4-4に示している。

まず，表4-4の2行目を右に見ていくとわかるように，自治体規模にかかわらず投資的支出の反応は他の財政変数の反応に比べると大きい。ここから投資的支出が財政調整のために最も主要な役割を果たしているという結果は自治体の規模に依存しないという日本における第1の特徴を確認できよう。これはアメリカとドイツにおいて自治体規模によって公共支出が財政調整において果たす役割がそれほど大きく異なっていないという結果と同様である。第2の特徴は，1行目に示されている自主財源の役割である。自治体規模にかかわらず自主財源は，財政調整において有意な役割を果たしていない点である。アメリカとドイツでは小規模自治体では自主

財源が財政調整において役割を果たしていたのに対して，日本では，大規模自治体だけでなく小規模自治体においても自主財源が外的ショックを吸収する手段として用いられていない。第3に自主財源に代わって役割を果たしているのが補助金であり，日本の場合，アメリカやドイツとは異なり規模が小さい自治体ほど補助金による対応がなされていることを読み取れる。例えば，経常的支出が1単位増加した場合，小規模自治体では補助金額が0.397単位増加することで財政バランスが保たれるように調整されているのに対して，大規模自治体では補助金は有意な反応を見せていない。第4に，ドイツとアメリカでは公共支出と利払いという2つの支出項目に生じたショックへの対応は自治体規模によって異なっていたが，日本では，それらの国ほどには，自治体の規模によって顕著な違いがあるとする根拠を見出せない結果になっている。

4 財政調整のあり方

　前節までの国際比較をもとにすると，日本の自治体が，ある年に生じたショックを通時的な予算制約を満たすように調整していくメカニズムの特徴の1つは，他の国の自治体に比べて，補助金と公共支出，とりわけ投資的支出が非常に大きな役割を果たしてきたということである。日本の自治体の場合，投資的支出に比べると経常的支出および自主財源が財政調整に果たす役割はほとんどなかった。この結果をもとに，日本の自治体の財政調整のあり方について示唆できる論点をいくつか提示してみよう。

　第1に，自治体の行う投資的支出は主にインフラ整備を目的にするものであるが，それが外的ショックに応じて変動するということは必ずしも望ましいものとはいえない。例えば，外的ショック等の理由により財政に余裕がない時期の投資的支出を絞り込み，自治体の財政に余裕ができた時期にインフラ整備を集中的に行うということは，インフラ更新が将来のある

時期に集中することを意味する。しばしばわれわれが目にする「朽ちるインフラ」の問題なども，高度経済成長期に集中して整備されたインフラの更新が一斉に必要になっているために生じているものである。インフラ整備は中長期的に，かつ計画的に行われるべき性質のものであることから，一時点に生じた外的ショックの緩衝材として用いることは上記の問題を引き起こすことになり，その意味において，もう少し他の財政手段とのバランスを図ってもよい。

第2に，他国に比べて日本の場合，自主財源を財政調整の手段として用いていない点は，課税平準化の観点からは望ましいものといえる。課税平準化とは，ある時点での外的ショックに対して税を増減させて調整するのではなく，税は通時的に平準化して，地方債など一時的な借入を行うことで投資的支出や経常的支出の水準を維持し，税収の回復を待って，借入を返済するというものである。この観点から考えれば，外的ショックに対して自主財源はほとんど反応していないという点は，自治体の財政調整の評価できるポイントといえる[5]。

第3に，日本の自治体が直面した外的ショックに対して，上位政府からの補助金が財政調整に一定の役割を果たしている点についても，地域間でリスクをシェアしていると考えれば評価できる対応である。ある限られた地域に生じるショックに対しては，広く他の地域とそのリスクをシェアすることはリスク管理の観点から望ましいことであり，日本において補助金がそのような保険機能を果たしているのかもしれない。

他方で，外的ショックに対して自主財源による対応がほとんど見られず，補助金によって財政調整がなされているということは，自らの財源を用い

---

[5] もちろん，財政平準化の観点から日本の地方債政策を正当化するにはより厳密な検証が必要である。例えば，国レベルでの検証であるが，中里 (2000) は日本の財政運営が，平準化以外の要因によって行われてきたことを示唆する結果を提示している。詳しくは畑農 (2009) を参照のこと。

た調整を避けて，自治体側が補助金に依存しているにすぎないという見方もできる。また，上位政府からの補助金が自治体の財政調整の一端を担っているという結果は，本章でも指摘したフライペーパー効果や機会主義的行動を引き起こす可能性もあることから，補助金の受け取り手である自治体の行動インセンティブを反映した制度設計とすることが求められよう。

5 おわりに

　日本の自治体の財政調整メカニズムを考察した前章を受けて，本章では，その結果をアメリカ，ドイツ，スペインの地方政府の財政調整メカニズムと比較することを通じて，日本の相対的な特徴を整理してきた。ここで得られた主要な結論は以下のようにまとめられよう。第1に，いずれの国においても公共支出が財政調整の手段として用いられる傾向にあるが，他国に比べて，日本ではその役割，とりわけ投資的支出が財政調整機能において果たしている役割がかなり大きい。第2に，補助金が投資的支出に次ぐ規模で財政調整に重要な役割を果たしている。第3に，地方税を中心にする自主財源と経常的支出は財政調整機能に役割をほとんど果たしていない。アメリカやドイツでは，財政変数に影響するショックが起きたときに，自主財源が財政バランスを回復させるために一定の役割を果たしていることとは対照的である。

　自主財源が財政調整に果たす役割に加えて，補助金に関わる問題では，アメリカとドイツに比べれば日本とスペインにおいてフライペーパー効果の存在がより疑われること，補助金を受け取ることによって自主財源が低下するという形で徴税インセンティブが損なわれている可能性をアメリカとドイツについては指摘できるが，日本とスペインでは観察されていないことなど，アメリカとドイツ，およびスペインと日本にそれぞれに似通った傾向が見られることが明らかになった。日本やスペインでは，アメリカ

やドイツに比べて地方自治体が地方税をコントロールする余地が小さいことが，これらの原因の1つにあると思われる。アメリカとドイツにおいて似通った財政調整が行われている傾向は，自治体規模を考慮した分析においても見られた。特に，アメリカとドイツでは自治体の収入サイドに影響する外的ショックに対しては自治体規模による反応の違いは認められなかったが，支出サイドに影響するショックでは，自治体規模によって反応に差があった。それに比べると日本の自治体については，補助金による調整に自治体規模に応じた違いが見られる以外は，外的ショックの反応におおむね大きな違いを生み出しておらず，アメリカとドイツとは対照的である。

総じてみると，連邦制のもとで財政運営がなされているアメリカとドイツの財政調整が似通っている一方で，中央集権的な側面が強い日本とスペインでは，ともに自主財源が財政調整にはほとんど使用されないという共通点があるなど，財政調整の手段が財政運営体制に関係していることが読み取れる。本章の分析だけでは，いずれの財政調整のほうが望ましいかという問いに答えることはできない。しかし，各国の制度が異なる中で，それに応じて各国の自治体がそれぞれの方法で財政調整を行っているとするならば，ここでもまた，各国政府には，自治体の対応を読み込んだ財政制度の設計が求められるのは確かであろう。

● 参考文献

赤井伸郎・山下耕治・佐藤主光 (2003)『地方交付税の経済学——理論・実証に基づく改革』有斐閣。

土居丈朗 (1996)「日本の都市財政におけるフライペーパー効果——地方交付税と国税減税の等価性の検証」『フィナンシャル・レビュー』40：95-119頁。

土居丈朗 (2000)「日本の都市財政におけるフライペーパー効果とスピルオ

ーバー効果」『三田学会雑誌』93(1)：75-90 頁。

中里透 (2000)「課税平準化仮説と日本の財政運営」井堀利宏・加藤竜太・中野英夫・中里透・土居丈朗・佐藤正一編著『財政赤字の経済分析——中長期的視点からの考察』経済分析：政策研究の視点シリーズ第 16 号：37-68 頁。

西川雅史・横山彰 (2004)「地方政府の徴税インセンティブ——徴収率の格差と地方交付税制度」『日本経済研究』50：165-179 頁。

畑農鋭矢 (2009)『財政赤字と財政運営の経済分析——持続可能性と国民負担の視点』有斐閣。

宮崎毅 (2010)「地方交付税におけるソフトな予算制約の検証——経常経費における補正係数の決定」『経済分析』183：77-103 頁。

山下耕治 (2003)「地方公共サービスの非効率性と財源補填——地方公営企業に対するソフトな予算制約問題の検証」『日本経済研究』47：118-133 頁。

Bessho, S. and H. Ogawa (2015) "Fiscal Adjustment in Japanese Municipalities," *Journal of Comparative Economics*, 43(4)：1053-1068.

Buettner, T. (2009) "The Contribution of Equalization Transfers to Fiscal Adjustment: Empirical Results for German Municipalities and a US-German Comparison," *Journal of Comparative Economics*, 37(3)：417-431.

Buettner, T. and D. Wildasin (2006) "The Dynamics of Municipal Fiscal Adjustment," *Journal of Public Economics*, 90 (6-7)：1115-1132.

Gramlich, E. M. and H. Galper (1973) "State and Local Fiscal Behaviour and Federal Grant Policy," *Brookings Papers on Economic Activity*, 1：15-58.

Mochida, N. (2001) "Revenue, Expenditure and Intergovernmental Transfers in Japan," in M. Muramatsu, F. Iqbal and I. Kume eds., *Local Government and Economic Development in Japan: Lessons for Econ-*

omy Undergoing Decentralization, Oxford University Press.

Nagamine, J. (1995) "Japanese Local Finance and the 'Institutionalized' Flypaper Effect," *Public Finance/Finances Publiques*, 50(3): 420-441.

Navon, G. (2006) "Budgetary Dynamics in the Local Authorities in Israel," *Israel Economic Review*, 4(2): 19-52.

Rattsø, J. (2004) "Fiscal Adjustment under Centralized Federalism: Empirical Evaluation of the Response to Budgetary Shocks," *FinanzArchiv/Public Finance Analysis*, 60(2): 240-261.

Solé-Ollé, A. and P. Sorribas-Navarro (2012) "The Dynamic Adjustment of Local Government Budgets: Does Spain Behave Differently," *Applied Economics*, 44(25): 3203-3213.

第 II 部

個別ショックへの対応分析

第5章

市町村の予防接種助成

予防か横並びか？

別所俊一郎・井深陽子

1 はじめに
2 日本の予防接種政策
3 市町村間の相互作用を考慮した分析モデル
4 データ
5 実証分析の結果
6 おわりに

1 はじめに

　ヒトやモノの動きがグローバル化する中で健康上のショックもまた，容易に国境を越えて他国へ波及する。感染症である。近年ではデング熱，中東呼吸器症候群（MERS），エボラウイルス病，重症熱性血小板減少症候群（SFTS），鳥インフルエンザといった新興・再興感染症の脅威も話題となった。感染症への対策はしばしばヒトやモノの動きを抑制するから，感染症の発生や流行は経済的なショックへと転化しうる。話題になった新興・再興感染症のように致死率の高いものでなくても，労働抑制等を通じて経済的なショックをもたらす。流行はグローバルなものであっても，対策は対人サービスであるがゆえに，感染症に対する施策は，しばしば地方政府の役割となる。

　感染症に対するワクチンの予防接種は，公衆衛生政策の中でも有効性の高い手法の1つである。それゆえ，ワクチンは広く世界中で用いられており，ほとんどの先進国ではそれぞれに予防接種プログラムを策定し実施している。ところが，先進国の中でも日本は予防接種について2つの意味で遅れた国であるとしばしば指摘される。1つは，「ワクチンギャップ」として批判される，ワクチンの認可の遅さである（Saitoh and Okabe 2014）。いま1つは，国の予防接種プログラムの中に，他の先進各国で広く利用されているワクチンのいくつかが含まれていない点である。認可されていても予防接種プログラムに含まれていない任意接種の費用は基本的には接種を受ける個人が負担するが，いくつかの市町村が接種費用の助成を行っている（Hayashi et al. 2012, Akazawa et al. 2014）。そこで本章では，どのような市町村が予防接種への助成を行っているのかを分析したい。

　感染症に対する予防接種は，接種を受けた人以外にも影響する。感染している人が周りに少なければ，自分が感染する可能性も低くなるからである。このように，周りの人に及ぼす好ましい影響のことを正の外部性と呼

ぶ．予防接種が正の外部性を持つとき，周りの人がみな予防接種を受けていれば，自分が予防接種を受けるメリットはそれほど大きくないかもしれない．自分が予防接種を受けなくても，周りの人たちが感染しないのだから，自分に感染する確率も低くなるからである．市町村が予防接種への助成をするかどうかを決めるときにも，同じようなことが起きる可能性がある．もし周りの市町村が予防接種への助成をしていれば，周りの市町村では予防接種を受けている人たちが増えて，感染が広がらない．周りの市町村で感染症が流行していなければ，自分の市町村にその病気が感染してくる可能性は低くなるだろう．とすれば，限りある予算を割いて予防接種に助成しなくても，感染症を抑えることができるだろう．つまり，周りの市町村が予防接種への助成を多くしていればいるほど，自分の市町村は助成をせず，周囲の予防接種にただ乗りすることとなる．また，その感染症にかかりやすい人たち，例えば高齢者や乳幼児が多ければ，それに対する助成が行われるだろう．

　予防接種への助成を行うかどうかは，予防接種が正の外部性を持っているということ以外の要因にも左右されるだろう．日本の市町村の政策の決まり方には，周囲の市町村間で相互依存関係があるとしばしば指摘されてきた（伊藤 2002，西川・林 2006，中澤 2007，田中 2009，Bessho and Terai 2011，別所・宮本 2012）．なぜ相互依存関係が発生するかについての原因はさまざまに考えられるが，1つの可能性は横並びによる意思決定である．すなわち，周りの市町村がある政策を行っていて，それが住民に評判のよいものであれば自分の市町村でも実行する，あるいは逆に，よさそうな政策であっても，周りの市町村が実施していなければ自分の市町村でも採用しない，ということである．市町村による任意接種への助成に対しては国や都道府県からの補助金や法令による規定はないから，助成を行うかどうかについて国や都道府県が市町村を誘導しているということはなく，市町村が独自に判断している．このようなとき，市町村は助成をするかどうかを周りの状況を見て決めているかもしれない．もし横並びによる意思決定

が行われていれば,つまり,周りの市町村が予防接種への助成を多くしていればいるほど,自分の市町村も助成をしているだろう。

本章の目的は,市町村による予防接種への助成がこれらの仮説とどれほど整合的か,つまり,横並びの意思決定の結果として周りの市町村が助成をしているときに自らも助成を行うようになるのか,それとも逆に周囲の市町村の政策にただ乗りをしてやめるようになるのか,また,予防接種の恩恵を直接受けると見込まれる人たちが多い市町村ほど助成しやすいのか,他の要因はどのように影響しているのか,を調べることにある。

地方レベルでの予防接種政策の決定過程を分析した先行研究はそれほど多くないが,国レベルでの決定過程の分析は多い。国レベルでの予防接種政策の決定過程を分析した先行研究では,多様な要因が相互に絡み合っているために,どの要因が大きな役割を果たしているのかについて合意に達しているとはいえない状況にある(例えば,Bryson et al. 2010, Burchett et al. 2012)。日本の市町村に注目することの利点の1つは,多様な要因のいくつかを除外して考えることができる点である。例えば,ワクチンの受容されやすさや利用可能性は国内で大きな差があるとは必ずしもいえないだろうし,市町村役場の組織構造も,差はあるにせよ国家間ほどの大きな差はないだろう。したがって,市町村間で大きな差が認められるような社会経済的要因が,予防接種政策にどのような影響を与えているかをより明確に把握することができると考えられる。

これらの論点を踏まえて行われる本章の実証分析から得られた結果は以下のようにまとめられる。第1に,2010年時点では,大多数の市町村が当時は任意接種であったHib(インフルエンザ菌b型),肺炎球菌7価,肺炎球菌23価,水痘,流行性耳下腺炎(おたふくかぜ),HPV(ヒトパピローマウイルス)のワクチン接種に対して助成を行っていない。これらの予防接種への助成の有無に関する異なるワクチン間の相関係数は高くない。すなわち,市町村が上記の予防接種のいくつかに助成をしているとき,その助成パターンは市町村ごとにさまざまであり,どの予防接種を優先する

かについて一貫したパターンが見られるわけではない。第2に，同一都道府県内の近隣市町村が任意接種に対して助成を行っている場合に，その市町村も助成を行っている傾向が強いという関係が示された。他方で，近隣であっても他の都道府県に属する市町村が助成を行っている場合では，そのような関係は見られなかった。このことは，日本の市町村が同じ都道府県に属する市町村の政策を参照しながら予防接種についての意思決定をしており，ワクチンがどれほどの予防効果を発揮するかという観点よりも，むしろ横並び行動によって助成を決めている可能性を示唆している。第3に，他の社会経済的要因や財政的要因と予防接種政策との間には特に強い相関は認められなかった。つまり，税収が豊かであるから助成が多く行われているとか，地方債を多く抱えているから助成を取りやめているとかいった傾向は確認されなかった。

本章の構成は以下のとおりである。次節では日本の予防接種政策を概観する。分析手法については第3節で，データについては第4節で説明する。結果が第5節で示され，最後の第6節では本章の分析のインプリケーションをまとめる。

2 日本の予防接種政策

日本の予防接種法は，「伝染のおそれがある疾病の発生及びまん延を予防するために公衆衛生の見地から予防接種の実施その他必要な措置を講ずることにより，国民の健康の保持に寄与するとともに，予防接種による健康被害の迅速な救済を図ることを目的」（第1条）として制定されている。予防接種法ではA類疾病とB類疾病が定義されており，これらの疾病に対して定期接種，臨時接種，新たな臨時接種が行われている。2013年の改正後，A類疾病はジフテリア，百日咳，急性灰白髄炎（ポリオ），麻疹，風疹，日本脳炎，破傷風，結核，Hib感染症，肺炎球菌感染症（小児がか

かるものに限る），HPV感染症，水痘の12疾病，B類疾病はインフルエンザ，肺炎球菌感染症（高齢者がかかるものに限る）の2疾病とされた。本分析の対象となる2010年時点を含む2013年改正以前は，A類疾病，B類疾病はそれぞれ一類疾病，二類疾病と呼ばれており，Hib感染症，肺炎球菌感染症（小児がかかるものに限る），HPV感染症，水痘は一類疾病に，肺炎球菌感染症（高齢者がかかるものに限る）は二類疾病に含まれていなかった。定期接種の対象は年齢によって規定されており，例えばB類疾病であるインフルエンザの定期接種の対象者は，65歳以上の高齢者と，60歳以上で特定の疾患を持つ者に限定されている。定期接種の対象者は，A類疾病については予防接種の努力義務を負っているが，B類疾病についてはその努力はない。この違いは，一類疾病については感染症の発生と蔓延の防止，すなわち集団予防が目的であるのに対し，二類疾病については個人の発症と重症化の防止という個人予防が主な目的であるとされていることにある（江浪・大坪 2009）。

前節でも述べたように予防接種には，予防接種法に基づかないが，医薬品医療機器等法（旧薬事法）に基づいて承認されたワクチンを接種する任意接種がある。任意接種には，流行性耳下腺炎，B型肝炎，ロタウイルスに対する予防接種の他，A類疾病，B類疾病についての定期接種の対象者以外への予防接種が含まれる。例えば，60歳未満の人たちへのインフルエンザの予防接種は任意接種である。

定期接種と任意接種では，接種を受ける人の金銭的負担が異なる。定期接種の実施主体は市町村とされており，経済的理由がなければ実費徴収が可能とされているものの，費用も市町村が負担するものとされている[1]。そのため，A類疾病については，2013年改正前は低所得者分が，改正後は費用の9割が地方交付税措置されている。また，国・都道府県・市町村は，定期接種が適正かつ円滑に実施されるように，予防接種の勧奨の他，

---

1 臨時接種については実費徴収は認められていない。

啓発および知識の普及を行うこととなっている。他方，任意接種の費用については，原則として接種を受ける人が全額を負担する。この費用負担の差によって，人々は任意接種は定期接種ほど重要ではないと認識し，任意接種の接種率が低くなっているといわれている (Nakayama 2013)。接種率が低いために，任意接種の対象疾患の罹患率は高くなってしまっている。例えば，流行性耳下腺炎の日本での罹患率は高く，難聴などの合併症を併発している児童も多い (Saitoh and Okabe 2014)。

任意接種の費用は原則として全額が接種を受ける人によって負担されるが，健康保険組合の一部や市町村の一部は，任意接種の費用に対して助成を行っている (Hayashi et al. 2012, Akazawa et al. 2014)。助成を行うか否かは市町村の判断に依存しており，都道府県や国といった上位政府はこの助成に対して補助金などを出してはいない。したがって，任意接種に対する助成の有無やその規模には市町村間で違いが存在している。本章では，この市町村間の違いを背景として，どのような要因が任意の予防接種に対する費用助成についての決定に影響を与えるかを分析する。

3 市町村間の相互作用を考慮した分析モデル

3.1 回帰分析モデルの設定

本章では市町村による予防接種への助成政策について，回帰分析を用いて検討する。日本の地方行財政の先行研究が指摘しているように，日本の都道府県や市町村の意思決定にはしばしば相互依存性が見られる (伊藤 2002, 西川・林 2006, 中澤 2007, 田中 2009, Bessho and Terai 2011, 別所・宮本 2012)。市町村は予防接種に助成するかどうかを決める権限を持っていて，この助成に対して上位政府からの補助はないから，助成をどうするかという意思決定に相互依存性が見られることは十分に考えられる。そこ

でまず，財政反応関数の推定のために，**第2章**で触れた空間計量経済学の手法に基づき，標準的な「空間的自己回帰モデル」と呼ばれる回帰モデルを用いる。

　本章で説明したいのは市町村の予防接種への助成政策だから，助成政策を表す変数を被説明変数とする。助成政策をどのように1つの変数で表現するかは次節で説明しよう。市町村の意思決定の相互依存関係を調べるために，主な説明変数として近隣の助成政策の状況を用いる。1つの市町村の近くにはいくつもの市町村があるし，いくつの市町村があるかはそれぞれの市町村によってばらばらだから，近隣の状況を1つに集約した変数を使う。この変数は，近隣の市町村の助成政策を表す変数を，その「近さ」によって加重平均して作られる。「近さ」をどのように定義するかは次項で述べるが，例えば，A市の近くにB市とC町があり，B市のほうがC町よりも2倍「近い」ときには，B市の助成状況を2/3倍し，C町の助成状況を1/3倍して足し合わせたものが，A市にとっての近隣の助成政策の状況となる。このように，各市町村の被説明変数は（ウェイト付けされて）他の市町村の説明変数になることから，近隣の政策状況を表す説明変数のことを「空間ラグ項」と呼び，空間ラグ項を説明変数として含む回帰モデルを空間的自己回帰モデルという。

　もし市町村の意思決定が相互依存的であれば，説明変数である空間ラグ項が被説明変数に影響を与えるのと同時に，被説明変数が空間ラグ項に影響を与えることになり，被説明変数から説明変数への逆の因果関係が発生する。このとき，周囲の状況を表す変数である空間ラグ項は内生変数となってしまい，この回帰式を通常の最小2乗法で推定しても一致性のある推定量は得られない。そこで本章では，空間的自己回帰モデルの推定においてよく用いられる操作変数法（2段階最小2乗法）を採用する（Kelejian and Prucha 1998）[2]。

　ところで，たとえ空間ラグ項の係数がゼロでないとしても，その結果からただちに市町村の意思決定が他の市町村の意思決定に影響されていると

は必ずしもいえない（Bailey and Rom 2004, Brueckner 2003, Revelli 2005）。というのも，市町村間で共通の地理的なショックがあったり，上位政府からの共通の影響があったりしても，空間ラグ項の係数はゼロでなくなるからである。例えば，いくつかの市町村を含むある地域で感染症が蔓延し，これに対処するためにこの地域の市町村すべてがその感染症に対する予防接種への助成を行ったとしよう。このとき，この地域の市町村は近隣の市町村と同じ行動をとっているから，空間ラグ項の係数は正の値をとる。しかし，この状況では市町村の意思決定が他の市町村から影響されているとはいえまい。同じことは，ある県が県下の市町村に助成をするように指導するなどした場合にも発生しうる。

そこで，これらの要因を識別するために，空間ラグ項を2つの項に分解したもう1つの推定式を用意する（Atella et al. 2014）。2つの項はそれぞれ，同じ都道府県に属する近隣の市町村の状況と，異なる都道府県にある近隣の市町村の状況を示す。例えば，県境にあるA市の近くに，A市と同じ県内にあるB市とC町，異なる県に属するD町とE村があるとしよう。このとき，県内の空間ラグ項はB市とC町の加重平均，県外の空間ラグ項はD町とE村の加重平均となる。推定方法は同じく2段階最小2乗法である。

もし，はじめの推定式において空間ラグ項の係数がゼロにならない要因が共通の地理的なショックの影響によるものであれば，第2の推定式の2つの空間ラグ項の係数は同じになるはずである。というのも，この要因は都道府県境とは関係ないからである。また，市町村が自分の域内で感染症

---

2 後掲表 5-5，表 5-6（115，116 頁）にあるように，Sargan 統計量は，インフルエンザワクチンと HPV ワクチンに関する分析を除き，操作変数の妥当性を示唆している。また，過小識別を検定する Anderson LM 検定は，表 5-5 の PCV7 ワクチンを除き，過小識別の可能性を否定する結果を表している。これらの結果から，操作変数が妥当であると考えられる。

が蔓延することを予防するために，周囲の市町村の予防接種にただ乗りしているとすれば，第2の推定式の2つの空間ラグ項の係数は同じ大きさの負の値をとるはずである．他方で，市町村が同じ都道府県に属する他の市町村を参照した行動をとっていれば，市町村の政策は，異なる都道府県にある近隣の市町村の政策とは相関しないはずなので，県外の空間ラグ項の係数はゼロとなり，県内の空間ラグ項の係数は正となるはずである．

3.2 隣接行列

近隣の市町村がどれほど「近い」かを定義する方法を2種類用意した．いずれも，地理的に近い市町村に高いウェイトが置かれるように定義している．1つは標準的に用いられるもので，地理的に接していればウェイトが1，接していなければ0となるものである[3]．このウェイトを隣接ウェイトと呼ぼう．この際，相対的な人口の多さや，市町村境の長さによる調整は行っていない．

もう1つは，市町村役場間の距離に基づくものである．役場間の距離が50 km以上離れているときにはウェイトが0，50 km未満であれば50 kmとの差をウェイトとした．このウェイトを距離ウェイトと呼ぼう．

4 データ

4.1 予防接種政策

市町村の予防接種政策についてのデータは，2010年に厚生労働省が行った市町村調査に基づく．この調査では，厚生労働省が質問紙をその当時存在したすべての市町村に配布し，1744市町村から回答を得た（回収率

---

[3] 実際には，W_i は，そのすべての要素の和が1になるように基準化して用いている．

99.7％）。この調査は，定期接種・予防接種に対する助成の有無・額・対象者・開始時期を調査するためのものであった。

調査対象となった予防接種は，二類疾病（インフルエンザ）に対する予防接種（高齢者対象）と，任意接種のうち Hib ワクチン，肺炎球菌 7 価ワクチン，肺炎球菌 23 価ワクチン，水痘ワクチン，流行性耳下腺炎ワクチン，HPV ワクチンの接種である[4]。助成額は多岐選択方式で尋ねられている。

回答した市町村のうち，97.4％ が高齢者対象のインフルエンザ予防接種に助成を行っているのに対し，任意接種に対して助成を行っている市町村の比率は高くない（表 5-1）。その比率は，Hib について 11.5％，肺炎球菌 7 価について 0.6％，肺炎球菌 23 価について 18.6％，水痘について 3.4％，流行性耳下腺炎について 3.5％，HPV について 6.5％ である。この低い助成率を考慮して，本章では助成を行っているか否かのみを検討対象とし，助成額の差異は分析しない。また，助成を開始した年は 2010 年以前の数年に集中しているため，開始時期の相違も分析対象としない。したがって，市町村 i の予防接種政策を表す変数 Z_i はまず，予防接種への助成を行っていれば 1，行っていなければ 0 をとるダミー変数となる。

結果の頑健性を確認するため，助成の有無に関して 3 種類の変数を用意した。第 1 は，インフルエンザ以外に助成している予防接種の数である。市町村が Hib，肺炎球菌 7 価，肺炎球菌 23 価，水痘，流行性耳下腺炎，HPV の各ワクチンの接種すべてに助成しているとき，この変数は最大値 6 となる。第 2 は，子ども向け予防接種，すなわち Hib，肺炎球菌 7 価，水痘，流行性耳下腺炎のうち，いくつに助成しているかを表す数である。第 3 は定期接種である高齢者向けインフルエンザ予防接種に関係するもの

---

[4] このうちのいくつかは 2013 年改正で定期接種とされた。また，B 型肝炎ワクチンについても調査されているが，回答がないため，分析からは外している。また，高齢者以外に対するインフルエンザワクチンの接種については質問していない。

表 5-1 予防接種助成額の分布

	インフルエンザ	Hib	肺炎球菌7価	肺炎球菌23価	水痘	流行性耳下腺炎	HPV
助成なし	39	1548	1739	1423	1691	1689	1636
助成あり	1711	202	11	327	59	61	114
(%)	(97.8)	(11.5)	(0.6)	(18.7)	(3.4)	(3.5)	(6.5)
助成額							
1 - 999 円	32	0	0	0	0	0	—
1000 - 1999 円	530	10	1	14	4	7	—
2000 - 2999 円	572	32	1	37	6	10	—
3000 - 3999 円	487	90	2	167	16	20	—
4000 - 4999 円	30	33	3	71	15	9	—
5000 円以上	2	37	4	38	18	15	—
全額	58	—	—	—	—	—	—
接種額（助成前）							
医療機関 A	2500	8600	11000		6800	5800	
B	3780	8640	9720*		8640	7560	16200
C	2500	7000	10000		8000	6000	16000
D		7500		7500	7000	5500	15500
E	3800			7200	6700	6700	

（注）HPV ワクチンの助成額に関する回答選択肢は他のワクチンと異なる。助成前接種額は 2015 年時点のもの。*は肺炎球菌 13 価ワクチンの価格。回答していない市町村は「助成なし」としてカウントしている。
（出所）厚生労働省資料，各医療機関ウェブサイト。

で，助成額が 3000 円以上かどうかを表すダミー変数である。後述するように，この予防接種に対する助成額は 2000 円台に集中しており，3000 円以上であるということは相対的に高額の助成をしていることを表す。

4.2 予防接種政策に影響するその他の要因

予防接種政策の決定過程に影響を与える要因として，先行研究ではさまざまなものが指摘されている。Burchett et al. (2012) は先行研究を概観し，新しいワクチンを採用する国レベルの意思決定に影響を与える要因を 9 つに分類している。すなわち，健康問題の重要性，ワクチンの特性，予防接種プログラムに対する考慮，受容可能性，公平性と倫理，金銭的経済的問

題，影響の大きさ，他の介入手段，意思決定過程，である。本章では，先進国である日本の地方政府が助成をどうするかを分析しているから，データの利用可能性を考慮し，意思決定過程と金銭的経済的問題に焦点を当てる。

意思決定過程を表す説明変数として2種類を用意した。1つは，前述した空間ラグ項で表現される周囲の市町村の状況である。もう1つは，市町村職員に占める医師職員の比率である。坂西ほか (2014) は，北海道幌加内町において著者の1人が町立病院の副院長として5種の任意予防接種の全額助成を導入したエピソードを紹介している。この逸話は，市町村の医療・公衆衛生政策決定における医師の重要性を示唆している。そこで本章では，総務省の「地方公共団体定員管理調査」から，2008年時点での総職員数に対する，医師・歯科医師である職員の比率を求めて用いた。

市町村において費用助成から直接影響を受ける人口の大きさを表す変数として，5歳以下人口比率と65歳以上人口比率を用いた[5]。これらは2005年の「国勢調査」から作成した。

金銭的経済的問題を表す変数として2つの財政変数を用いた。1人当たり地方税収と，1人当たり地方債残高である。予防接種の助成に対しては上位政府からの補助金がないから，助成に関する意思決定が市町村の独自財源の大きさに依存することは十分に考えられる。これらのデータは2008年度の「市町村別決算状況調」（総務省）から作成した。

さらに，都道府県ダミーも用いている。これは1つには，市町村は医療・公衆衛生政策の決定について都道府県に相談することがありうること，いま1つには，天候等の観測されていない異質性を制御するためである。

---

[5] 非線形性を考慮して両変数の2乗項も説明変数に加えている。

5 実証分析の結果

5.1 記述統計の確認

110 頁の表 5-1 は，2010 年当時は二類疾病または任意接種であった各疾病に関する，予防接種の費用に対する助成状況と助成額の分布を表している。95% 以上の市町村がインフルエンザワクチンに対しての費用助成を行っている。前述のとおり，インフルエンザワクチンは，対象者の年齢や健康状態により，定期接種と任意接種のどちらに属するかが異なるが，ここでは定期接種である高齢者に対する費用助成の割合を示している。任意接種に対して助成を行っている市町村の割合は少ない。最も多い肺炎球菌 23 価ワクチンでさえ助成を行っている市町村の割合は 19% 程度にとどまり，最も少ない肺炎球菌 7 価ワクチンに関しては全体の 1% 以下である。また，助成額の分布にも違いが見られる。被接種者の立場からより重要であるのは，予防接種の価格に対してどれだけの助成が提供されているかということである。実際の予防接種の価格は医療機関により異なっているため，表 5-1 は参考として A から E までの 5 つの医療機関を例にとり，予防接種費用を示している。助成額の中位値との比較により，費用助成は，おおむね個人が負担する予防接種費用を半額程度まで押し下げていることが見てとれる。

表 5-2 は，助成対象となる任意接種数の分布を表している。2010 年時点において，70% 以上の市町村が任意接種に含まれる 6 種類のうち，どれに対しても費用助成を提供していない。他方で，3 つの市町村が 6 種類すべてに助成を行っている。また，どの予防接種に費用助成を行うかということに関するパターンについては，明確な傾向はないようである。6 種類ある任意接種の中で，1 種類について助成を行っている市町村は 355 ある。このうち，59% にあたる 211 市町村が肺炎球菌 23 価ワクチンについ

表 5-2　助成している予防接種の種類数の分布

	0	1	2	3	4	5	6
市町村数	1233	355	104	36	10	9	3
（％）	70.46	20.29	5.94	2.06	0.57	0.51	0.17

表 5-3　予防接種助成の有無についての相関係数

	インフルエンザ	Hib	肺炎球菌7価	肺炎球菌23価	水痘	流行性耳下腺炎	HPV
インフルエンザ	1						
Hib	0.006	1					
肺炎球菌7価	−0.037	0.220	1				
肺炎球菌23価	0.003	0.281	0.129	1			
水痘	−0.015	0.279	0.386	0.122	1		
流行性耳下腺炎	−0.014	0.243	0.379	0.093	0.845	1	
HPV	−0.023	0.195	0.096	0.087	0.079	0.089	1

（出所）　厚生労働省資料，各医療機関ウェブサイト。

て助成を行っており，21％にあたる76市町村がHibワクチンに対して費用助成を行っている。一方で，5種類に費用助成を行っている9市町村において，助成対象から外れている予防接種の種類を見てみると，HPVワクチン（5市町村），肺炎球菌7価ワクチン（3市町村），肺炎球菌23価ワクチン（1市町村）の3種類であり，助成を行っている，または助成対象から外れている予防接種が特定のワクチンに集中している傾向は見られない。また，表5-3は，予防接種の費用助成状況に関して予防接種の種類間での相関を表したものである。インフルエンザを除き，相関係数は正の値を示すものの，相関の程度の強さを表す相関係数は，水痘と流行性耳下腺炎の間で0.8を超える例外を除き，0.5以下の中〜弱程度の相関を示している。水痘と流行性耳下腺炎の間に相関が強い理由として，風疹とあわせて予防接種が同時に行われることが多いことが考えられる。

表 5-4　基本統計量

	平均	標準偏差	最小	最大
予防接種助成の有無				
インフルエンザ	0.978	0.148	0	1
Hib	0.115	0.320	0	1
肺炎球菌 7 価	0.006	0.079	0	1
肺炎球菌 23 価	0.187	0.390	0	1
水痘	0.034	0.181	0	1
流行性耳下腺炎	0.035	0.183	0	1
HPV	0.065	0.247	0	1
助成の種類数	0.442	0.844	0	6
子ども向け助成の種類数	0.190	0.570	0	4
インフルエンザへの助成が 3000 円以上	0.623	0.485	0	1
子ども比率	4.066	0.883	1.142	7.645
高齢者比率	25.009	6.991	8.520	53.431
地方税収	0.132	0.081	0.040	1.764
地方債残高	0.043	0.041	0	0.672
医師職員 − 総職員比率（％）	0.834	1.329	0	6.812

5.2　回帰分析の結果：基礎ケース

　ここまでの検討からは，どの予防接種に対して費用助成が行われるかということに関して明確な傾向が読み取れないが，それでは特定の接種に対して費用助成を行うか否かということを決定する要因は，はたして何であろうか。この課題について，空間的自己回帰モデルを用いて検証する。表5-4 の基本統計量からは，これから回帰分析に使用する変数の分布の特徴の一端が確認できる。

　表 5-5，表 5-6 は回帰分析の結果を表している。表 5-5 は隣接ウェイトを用いた分析結果，表 5-6 は距離ウェイトを用いた分析結果である。それぞれの表について，各列は特定のワクチンに対する助成状況を被説明変数とした回帰分析の結果を示している。

　最も関心のある説明変数は，市町村間のワクチン助成状況に関係がある

表 5-5　基本ケースの推定結果（隣接ウェイト）

	インフルエンザ	Hib	肺炎球菌7価	肺炎球菌23価	水痘	流行性耳下腺炎	HPV
空間ラグ	0.022	0.233*	0.400	0.463***	−0.019	0.203	−0.189
	(0.023)	(0.127)	(0.374)	(0.118)	(0.167)	(0.181)	(0.125)
子ども比率	−0.003	−0.110*	0.011	0.004	−0.012	−0.042	−0.016
	(0.030)	(0.064)	(0.017)	(0.080)	(0.038)	(0.039)	(0.047)
子ども比率（2乗）	0.001	0.010	−0.001	−0.003	0.001	0.004	0.004
	(0.003)	(0.007)	(0.002)	(0.009)	(0.004)	(0.004)	(0.005)
高齢者比率	0.000	−0.008	−0.002	−0.003	−0.003	−0.006	0.003
	(0.004)	(0.008)	(0.002)	(0.009)	(0.005)	(0.005)	(0.006)
高齢者比率（2乗）	0.000	0.000	0.000	0.000	0.000	0.000	0.000
	(0.000)	(0.000)	(0.000)	(0.000)	(0.000)	(0.000)	(0.000)
地方税収	−0.008	0.041	−0.013	0.260**	−0.041	−0.029	0.036
	(0.044)	(0.094)	(0.025)	(0.117)	(0.057)	(0.058)	(0.068)
地方債残高	−0.273***	−0.038	0.012	0.213	0.047	0.091	0.110
	(0.098)	(0.203)	(0.053)	(0.253)	(0.123)	(0.125)	(0.147)
医師職員‐総職員比率	0.000	0.000	−0.001	−0.009	−0.001	0.000	−0.002
	(0.003)	(0.006)	(0.002)	(0.007)	(0.003)	(0.003)	(0.004)
都道府県効果	Yes	Yes	Yes	Yes	Yes	Yes	Yes
自由度修正済み決定係数	0.123	0.152	0.052	0.110	0.035	0.032	0.250
Sargan 統計量	82.831	53.737	18.899	60.018	54.376	50.358	76.083
p 値	0.005	0.446	1.000	0.236	0.422	0.578	0.021
過小識別の検定	1515.214	222.718	37.334	237.265	155.876	130.799	289.465
妥当性の検定	196.237	4.434	0.663	4.769	2.973	2.456	6.026
観測数	1750	1750	1750	1750	1750	1750	1750

（注）　カッコ内は t 値。***は1％，**は5％，*は10％水準で統計的に有意であることを示す。

かどうかを示す，空間ラグ項の係数である。距離ウェイトを使用した場合，インフルエンザを除いたすべてのモデルにおいて，空間ラグ項の係数は，統計的に有意に正であることが示されている（表5-6）。また，一方で隣接ウェイトを用いた分析においては，2つの例外を除いて，空間ラグ項の係数は正であることが示されているが，係数が統計的に有意となっているのは Hib と肺炎球菌23価の2つにとどまっている（表5-5）。このように，費用助成の対象ワクチンの選定に関して近隣の市町村間の政策と相関があるかどうかについて，2つのウェイトを用いた分析の間で完全に一致した結果は得られておらず，距離が近い自治体の助成状況との相関は頑健に示されているものの，隣接自治体からの影響に関しては明確な結論は出せない。

表5-6　基本ケースの推定結果（距離ウェイト）

	インフルエンザ	Hib	肺炎球菌7価	肺炎球菌23価	水痘	流行性耳下腺炎	HPV
空間ラグ	0.013	0.643***	0.860***	1.113***	0.496**	0.688***	0.487***
	(0.048)	(0.123)	(0.289)	(0.198)	(0.212)	(0.227)	(0.107)
子ども比率	0.000	−0.117*	0.011	−0.053	−0.023	−0.052	0.000
	(0.030)	(0.064)	(0.017)	(0.083)	(0.039)	(0.040)	(0.046)
子ども比率（2乗）	0.001	0.011	−0.001	0.002	0.003	0.005	0.001
	(0.003)	(0.007)	(0.002)	(0.009)	(0.004)	(0.004)	(0.005)
高齢者比率	0.000	−0.003	−0.002	−0.007	−0.003	−0.007	−0.001
	(0.004)	(0.008)	(0.002)	(0.010)	(0.005)	(0.005)	(0.006)
高齢者比率（2乗）	0.000	0.000	0.000	0.000	0.000	0.000	0.000
	(0.000)	(0.000)	(0.000)	(0.000)	(0.000)	(0.000)	(0.000)
地方税収	−0.007	0.040	−0.017	0.275**	−0.036	−0.017	0.021
	(0.044)	(0.094)	(0.025)	(0.121)	(0.057)	(0.059)	(0.068)
地方債残高	−0.293***	−0.101	0.010	0.123	0.059	0.104	0.131
	(0.095)	(0.203)	(0.054)	(0.262)	(0.122)	(0.127)	(0.146)
医師職員・総職員比率	0.000	−0.003	−0.001	−0.011	−0.001	0.000	−0.001
	(0.003)	(0.005)	(0.001)	(0.007)	(0.003)	(0.003)	(0.004)
都道府県効果	Yes	Yes	Yes	Yes	Yes	Yes	Yes
自由度修正済み決定係数	0.12	0.15	0.01	0.05	0.03	0.00	0.26
Sargan統計量	93.99	38.58	14.73	50.13	52.29	40.21	76.43
p値	0.00	0.93	1.00	0.59	0.50	0.90	0.02
過小識別の検定	1322.59	596.45	121.43	262.87	297.27	286.12	820.19
妥当性の検定	94.09	15.72	2.27	5.37	6.22	5.94	26.82
観測数	1750	1750	1750	1750	1750	1750	1750

（注）　カッコ内は t 値。***は1％，**は5％水準で統計的に有意であることを示す。

　次に，回帰モデルに含まれた他の変数について見てみると，多くの変数で，係数は統計的に有意ではない。例外としては，肺炎球菌23価ワクチンについて，地方税収の係数が正であること，インフルエンザワクチンについて地方債残高の係数が負であることが挙げられる。市町村の費用助成が市町村の財源から行われることを考えると，これらの結果は極めて納得のいくものである。同時に，市町村の財政状況の変数に関して，なぜ他のワクチンにおいてはその係数が統計的に有意ではないという結果を得たのかについては明らかではない。1つの可能性として考えられるのは，予防接種の費用助成については，市町村の行う他の施策に対する支出に比べるとその支出規模が決して大きくはないため，財政状況の影響を比較的受けにくいという理由である。次に，市町村ごとの医師職員の総職員に占める割合を見てみると，その係数は統計的に有意ではない。坂西ほか (2014) は，

予防接種の費用助成の決定に関して医師の役割を強調しているが，推定結果からは，医師の影響は少なくとも人数の面では見てとれない．

5.3 回帰分析の結果：拡張ケース

前項の基本ケースの分析では，「近隣」に関して 2 つの異なる定義を用いて分析を行った場合に，一致した結果が得られず明確な結論には至らなかった．そこで，本項では空間ラグ項を 2 つに分解した分析の結果を見てみよう．表 5-7 と表 5-8 は，上位政府である都道府県の区切りについて考慮した分析である．近隣市町村のうち，同一県内に位置する近隣市町村の空間ラグ項の係数は，隣接ウェイトの場合も距離ウェイトの場合もすべてにおいて統計的に有意に正の値を示している．インフルエンザワクチンの例外を除き，推定値は 0.5 よりも大きく 1 に近い値を示しており，県内の近隣市町村との相関は極めて強いことを示している．また，1 よりも大きな値を示している推定値もあるが，標準偏差が大きい点を考慮すると，これらの推定が必ずしも 1 より大きくはないという可能性は十分に考えられるであろう．次に，近隣市町村のうち，県外の市町村の空間ラグ項の係数について見てみよう．結果は表 5-7 の肺炎球菌 23 価ワクチン，表 5-8 のインフルエンザワクチンを除き，係数は統計的に有意ではない．また，係数の大きさに関しても同一県内に位置する近隣市町村の場合と比較すると大幅に小さな値を示している．

第 1 節で議論したように，仮に，近隣自治体との相関が技術的外部性，地理的な共通の要因，または市町村間の住民の移動によりもたらされているのであれば，費用助成の決定において近隣自治体から受ける影響は，必ずしも都道府県境を越えるかどうかで異なるわけではない．つまり，相関がこれらの 3 つの理由で起こるのであれば，近隣市町村の空間ラグ項の係数はその市町村が同一県内にあるか否かにかかわらず，似た値をとるであろう．

しかしながら，表 5-7 と表 5-8 の結果は，近隣市町村が同一県内の市

表5-7 拡張ケースの推定結果（隣接ウェイト）

	インフルエンザ	Hib	肺炎球菌7価	肺炎球菌23価	水痘	流行性耳下腺炎	HPV
空間ラグ（県内）	0.052**	0.660***	0.524**	0.885***	0.910***	0.846***	0.549***
	(0.023)	(0.126)	(0.245)	(0.115)	(0.163)	(0.167)	(0.212)
空間ラグ（県外）	−0.007	−0.086	0.010	−0.142*	−0.085	−0.150	0.038
	(0.007)	(0.076)	(0.260)	(0.079)	(0.121)	(0.137)	(0.057)
子ども比率	−0.014	−0.103	0.009	0.024	−0.004	−0.025	0.007
	(0.030)	(0.065)	(0.017)	(0.083)	(0.040)	(0.042)	(0.048)
子ども比率（2乗）	0.002	0.011	−0.001	−0.004	0.001	0.003	0.001
	(0.003)	(0.007)	(0.002)	(0.009)	(0.004)	(0.005)	(0.005)
高齢者比率	0.002	−0.002	−0.001	−0.002	−0.002	−0.003	0.000
	(0.004)	(0.008)	(0.002)	(0.010)	(0.005)	(0.005)	(0.006)
高齢者比率（2乗）	0.000	0.000	0.000	0.000	0.000	0.000	0.000
	(0.000)	(0.000)	(0.000)	(0.000)	(0.000)	(0.000)	(0.000)
地方税収	−0.030	0.069	−0.014	0.271**	−0.032	−0.014	0.004
	(0.044)	(0.096)	(0.025)	(0.122)	(0.058)	(0.062)	(0.070)
地方債残高	−0.172*	0.072	0.022	0.298	0.156	0.162	0.137
	(0.098)	(0.206)	(0.053)	(0.261)	(0.125)	(0.132)	(0.150)
医師職員 − 総職員比率	0.001	0.005	0.000	−0.001	0.004	0.002	0.001
	(0.003)	(0.006)	(0.002)	(0.007)	(0.003)	(0.004)	(0.004)
都道府県効果	Yes	Yes	Yes	Yes	Yes	Yes	Yes
自由度修正済み決定係数	0.109	0.117	0.051	0.045	−0.015	−0.099	0.213
Sargan 統計量	136.045	45.675	19.505	56.155	45.765	35.495	96.359
p 値	0.000	0.993	1.000	0.915	0.993	1.000	0.029
過小識別の検定	1498.082	204.404	77.290	229.187	158.990	145.340	102.686
妥当性の検定	130.506	2.902	1.014	3.307	2.193	1.988	1.368
観測数	1750	1750	1750	1750	1750	1750	1750

（注）カッコ内は t 値。***は1％，**は5％，*は10％水準で統計的に有意であることを示す。

町村であるか，それとも県外の市町村であるかにより，大きく異なる結果を示しており，近隣自治体の助成状況との相関が上記以外の要因で発生している可能性を示唆している。その要因の1つとして，県ごとの公衆衛生政策による影響が考えられる。これは，感染症対策をはじめとする多くの公衆衛生政策は，県レベルで策定・施行される場合が多く，市町村が上位政府である県の政策の影響を受けるという仮説に基づく。しかしながら，この回帰分析では，県を表すダミー変数群が説明変数として含まれており，県の公衆衛生政策が市町村に及ぼしうる影響については制御されている。近隣自治体との相関を説明する他の理由が排除されることから，回帰分析が示した予防接種の費用助成における相関は，市町村が費用助成を決定す

表5-8 拡張ケースの推定結果(距離ウェイト)

	インフルエンザ	Hib	肺炎球菌7価	肺炎球菌23価	水痘	流行性耳下腺炎	HPV
空間ラグ(県内)	0.348***	0.947***	0.967***	1.046***	1.043***	1.030***	1.106***
	(0.040)	(0.110)	(0.180)	(0.104)	(0.156)	(0.154)	(0.114)
空間ラグ(県外)	−0.029***	0.073	−0.013	−0.063	−0.050	−0.065	−0.008
	(0.010)	(0.082)	(0.329)	(0.081)	(0.115)	(0.111)	(0.042)
子ども比率	−0.002	−0.107*	0.011	−0.034	−0.024	−0.046	0.027
	(0.031)	(0.064)	(0.017)	(0.081)	(0.040)	(0.041)	(0.048)
子ども比率(2乗)	0.002	0.011	−0.001	0.001	0.003	0.004	−0.003
	(0.003)	(0.007)	(0.002)	(0.009)	(0.004)	(0.005)	(0.005)
高齢者比率	0.002	−0.002	−0.003	−0.006	−0.004	−0.006	−0.005
	(0.004)	(0.008)	(0.002)	(0.010)	(0.005)	(0.005)	(0.006)
高齢者比率(2乗)	0.000	0.000	0.000	0.000	0.000	0.000	0.000
	(0.000)	(0.000)	(0.000)	(0.000)	(0.000)	(0.000)	(0.000)
地方税収	0.002	0.066	−0.014	0.296**	−0.019	−0.002	0.027
	(0.045)	(0.094)	(0.025)	(0.119)	(0.058)	(0.060)	(0.070)
地方債残高	−0.283***	−0.033	0.011	0.188	0.099	0.116	0.087
	(0.097)	(0.203)	(0.054)	(0.256)	(0.124)	(0.128)	(0.150)
医師職員 − 総職員比率	0.00	0.00	0.00	−0.01	0.00	0.00	0.00
	(0.003)	(0.006)	(0.001)	(0.007)	(0.003)	(0.004)	(0.004)
都道府県効果	Yes	Yes	Yes	Yes	Yes	Yes	Yes
自由度修正済み決定係数	0.08	0.13	−0.01	0.08	−0.02	−0.05	0.21
Sargan統計量	212.69	29.19	24.97	30.33	40.50	30.71	36.25
p 値	0.00	1.00	1.00	1.00	1.00	1.00	1.00
過小識別の検定	1456.77	591.71	276.45	577.36	456.92	482.50	629.70
妥当性の検定	105.17	10.81	3.97	10.42	7.48	8.06	11.90
観測数	1750	1750	1750	1750	1750	1750	1750

(注) カッコ内は t 値。***は1%,**は5%,*は10%水準で統計的に有意であることを示す。

る際に近隣市町村の政策を参照していることを表している可能性が極めて高い。実際に,日本においては,市町村が予算決定をする際に,近隣市町村の行動を参照している事実がしばしば観察される。仮に,市町村間の相関が互いの参照行動により生まれているのであれば,中澤(2007)や別所・宮本(2012)で指摘されている自治体間の政策競争が,予防接種に対する費用助成の決定に関しても起きているといえるだろう。

また,任意接種に対する費用助成を行っている市町村の割合が,相対的に少ないという現状を考慮すると,観察された政策競争は,結果として政策が行われない方向へと収斂していく傾向,いわゆる底辺への競争(race to bottom)の状況を示唆している可能性がある。一方で,政策競争が経済

表 5-9 拡張ケースの推定結果

ウェイト	助成数		子ども向け助成数		3000円以上助成	
	隣接	距離	隣接	距離	隣接	距離
空間ラグ（県内）	0.843***	0.994***	0.914***	0.982***	0.629***	0.915***
	(0.115)	(0.121)	(0.138)	(0.124)	(0.077)	(0.066)
空間ラグ（県外）	−0.105	−0.024	−0.103	0.049	−0.003	0.030
	(0.070)	(0.072)	(0.095)	(0.097)	(0.029)	(0.038)
子ども比率	−0.081	−0.177	−0.118	−0.173	0.001	0.042
	(0.172)	(0.170)	(0.120)	(0.118)	(0.089)	(0.088)
子ども比率（2乗）	0.011	0.016	0.015	0.017	−0.005	−0.007
	(0.019)	(0.019)	(0.014)	(0.013)	(0.010)	(0.010)
高齢者比率	−0.008	−0.026	−0.006	−0.015	−0.022**	−0.012
	(0.020)	(0.020)	(0.014)	(0.014)	(0.011)	(0.011)
高齢者比率（2乗）	0.000	0.000	0.000	0.000	0.000	0.000
	(0.000)	(0.000)	(0.000)	(0.000)	(0.000)	(0.000)
地方税収	0.294	0.353	0.042	0.028	−0.096	−0.149
	(0.252)	(0.250)	(0.177)	(0.174)	(0.131)	(0.130)
地方債残高	0.862	0.495	0.434	0.194	0.134	0.055
	(0.541)	(0.534)	(0.378)	(0.373)	(0.292)	(0.279)
医師職員−総職員比率	0.012	−0.010	0.015	0.00	−0.003	0.00
	(0.015)	(0.015)	(0.011)	(0.010)	(0.008)	(0.008)
都道府県効果	Yes	Yes	Yes	Yes	Yes	Yes
自由度修正済み決定係数	0.123	0.14	0.061	0.08	0.278	0.29
Sargan 統計量	50.976	43.04	31.239	40.16	87.250	41.39
p 値	0.971	1.00	1.000	1.00	0.106	1.00
過小識別の検定	230.650	496.35	188.830	557.49	430.295	925.45
妥当性の検定	3.332	8.38	2.654	9.90	7.156	23.76
観測数	1750	1750	1750	1750	1750	1750

（注）　カッコ内は t 値。***は1％，**は5％水準で統計的に有意であることを示す。

効率性に与える影響はこれまでの研究から必ずしも明らかにはなっておらず，本章の分析のみから，予防接種費用助成の政策決定に関する効率性を議論することは難しい。

　他の説明変数の係数に関する結果は，基本ケースと同様に統計的に有意でないものが多い。また，係数の大きさも基本ケースの結果と同程度であることから，これらの市町村の財政状況を表す変数は近隣市町村の状況とは相関していないことが読み取れる。

5.4　回帰分析の頑健性チェック

　結果の頑健性チェックのために，(1)インフルエンザ以外の助成対象の予

防接種の数，(2)子ども向け予防接種のうち助成対象の数，(3)高齢者向けインフルエンザ予防接種に対する助成額が3000円以上かどうかを表すダミー変数，の3変数を被説明変数として用いて回帰分析を行った。表5-9でその結果を示している。ここでも，結果は前項で得られた結果と類似した傾向を示している。つまり，同一県内の近隣市町村の空間ラグ項の係数は統計的に有意に正を示しており，係数の大きさもおおむね0.5以上を示している。一方で，県外の近隣市町村の空間ラグ項の係数は統計的に有意ではなく，その値も小さい。

　他の変数の係数に関しても，統計的に有意な影響がほぼ確認されないという点で，これまでの結果と整合的である。人口構成を表す変数についても統計的に有意な相関は見られず，助成対象者である高齢者が多い地域，また子どもが多い地域でワクチンの費用助成を多く行うという傾向は見てとれない。

6　おわりに

　本章では，日本において予防接種に対する費用助成支給に関する市町村の決定要因を，特に近隣市町村からの影響という要因に注目して分析した。2010年時点で任意接種である，Hib，肺炎球菌7価，肺炎球菌23価，水痘，流行性耳下腺炎，HPVに関しては，大部分の市町村は費用助成を行っていなかったという状況を確認した。そのうえで，このような助成状況がなぜ起こるのかを明らかにするために，費用助成の決定要因を空間自己回帰モデルを用いて分析を行った。

　本章の分析結果は，大きく2つにまとめることができる。第1に，予防接種に対する費用助成は，同一県内にある近接市町村の助成状況と統計的に有意に正に相関しており，この結果はほぼすべての予防接種において共通である。しかしながら，近隣市町村の助成状況との相関は，その市町村

が県外にある場合には観察されない。もし市町村が予防接種の感染抑止効果に基づいて意思決定を行っていれば,「ただ乗り」の結果として近接市町村の助成状況とは県内外を問わず負に相関する,あるいは,近隣市町村の決定とは独立に政策を決定し相関が0となる,のどちらかであろう。したがって,この県内の近隣市町村の助成状況との間の正の相関という結果は,予防接種に対する費用助成が予防の観点よりもむしろ,横並びの政策決定の帰結であることを示唆している。また,横並びの対象は同一県内の市町村に設定されており,近隣であっても他県の市町村の政策には左右されにくいと解釈されよう。第2に,市町村の社会経済的また財政的状況は,予防接種の費用助成とは統計的に有意な関連が大部分の推定において認められなかった。これは,予防接種の費用助成にかかる支出規模が相対的に他分野に比べて大きいわけではなく,財政的な要因が助成の決定に与える影響が限定的であることが理由の1つとして考えられる。同時に,費用助成によって直接影響を受ける層の人口構成比の影響も認められず,政策決定の根拠として助成から得られる便益の大きさが考慮されているという結果は見てとれなかった。

　最後に,本章での分析結果を解釈するうえでのいくつかの注意点を述べたい。第1に,本分析は政策決定に関して特に市町村間の相関という側面に注目し分析したものであるが,この結果は予防接種の費用助成の決定過程において,本分析に含まれない他の要因が影響を与えているという可能性を排除するものではない。例えば,市町村の首長の年齢や経歴・政治姿勢が強く影響しているのかもしれないし,公衆衛生部門の担当者の経歴によるのかもしれない。また,実証的に示された近隣市町村から受ける影響は,政策決定に関わる他の要因との比較のうえで,相対的に大きいということを示すものでもない。第2に,費用助成がそもそもどのような目的で行われているのか,ということについては本章では議論していない。ワクチンの費用助成が接種行動に与える影響については,これまでに肯定的な実証結果が数多く示されているが,同時にワクチンの効果や安全性に対す

る啓蒙などが，個人の接種の意思決定には重要な影響を与えることもわかっている（Wada and Smith 2015）。費用助成を感染症対策の唯一の手段として考えることは適切ではないだろう。最後に，本分析からは，予防接種の費用助成政策が経済厚生とどのような関係があるのかに関しては明らかにできない。これらの諸課題に関しては，今後さらなる研究の進展が期待される。

● 参 考 文 献

伊藤修一郎 (2002)『自治体政策過程の動態――政策イノベーションと波及』慶應義塾大学出版会。

江浪武志・大坪寛子 (2009)「予防接種行政の現状」『日本医師会雑誌』138(4)：670-675 頁。

坂西雄太・福森則男・杉岡隆 (2014)「北海道の幌加内町でのワクチン公費全額助成導入と啓発活動」『治療』96(1)：66-68 頁。

田中宏樹 (2009)「育児支援施策をめぐる自治体間財政競争――都道府県別クロスセクションデータを用いた実証分析」『公共選択の研究』52：25-36 頁。

中澤克佳 (2007)「市町村高齢者福祉政策における相互参照行動の検証――ホームヘルプサービス供給水準の事例研究」『日本経済研究』57：53-70 頁。

西川雅史・林正義 (2006)「政府間財政関係の実証分析」『フィナンシャル・レビュー』82：197-222 頁。

別所俊一郎・宮本由紀 (2012)「妊婦健診をめぐる自治体間財政競争」『財政研究』8：251-267 頁。

Akazawa, M., J. Yongue, S. Ikeda, and T. Satoh (2014) "Considering Economic Analyses in the Revision of the Preventive Vaccination Law: A

New Direction for Health Policy-making in Japan?" *Health Policy*, 118(1): 127-134.

Atella, V., F. Belotti, D. Depalo, and A. P. Mortari (2014) "Measuring Spatial Effects in the Presence of Institutional Constraints: The Case of Italian Local Health Authority Expenditure," *Regional Science and Urban Economics*, 49: 232-241.

Bailey, M. A. and M. C. Rom (2004) "A Wider Race? Interstate Competition across Health and Welfare Programs," *Journal of Politics*, 66(2): 326-347.

Bessho, S. and K. Terai (2011) "Competition for Private Capital and Central Grants: The Case of Japanese Industrial Parks," *Economics of Governance*, 12(2): 135-154.

Brueckner, J. K. (2003) "Strategic Interaction among Governments: An Overview of Empirical Studies," *International Regional Science Review*, 26(2): 175-188.

Bryson, M., P. Duclos, A. Jolly, and J. Bryson (2010) "A Systematic Review of National Immunization Policy Making Processes," *Vaccine*, 28(S1): A6-A12.

Burchett, H. E. D., S. Mounier-Jack, U. K. Griffiths, and A. J. Mills (2012) "National Decision-making on Adopting New Vaccines: A Systematic Review," *Health Policy and Planning*, 27(S2): ii62-ii76.

Hayashi, Y., Y. Shimizu, S. Netsu, S. Hanley, and R. Konno. (2012) "High HPV Vaccination Uptake Rates for Adolescent Girls after Regional Government Funding in Shiki City, Japan," *Vaccine*, 30(37): 5547-5550.

Kelejian, H. H. and I. R. Prucha (1998) "A Generalized Spatial Two-stage Least Squares Procedure for Estimating a Spatial Autoregressive Model with Autoregressive Disturbances," *Journal of Real Estate Fi-*

nance and Economics, 17(1): 99-121.

Nakayama, T. (2013) "Vaccine Chronicle in Japan," *Journal of Infection and Chemotherapy*, 19(5): 787-798.

Revelli, F. (2005) "On Spatial Public Finance Empirics," *International Tax and Public Finance*, 12(4): 475-492.

Saitoh, A. and N. Okabe (2014) "Recent Progress and Concerns Regarding the Japanese Immunization Program: Addressing the 'Vaccine Gap'," *Vaccine*, 32(34): 4253-4258.

Wada, K. and D. R. Smith (2015) "Mistrust Surrounding Vaccination Recommendations by the Japanese Government: Results from a National Survey of Working-age Individuals," *BMC Public Health*, 15: 426.

第6章

リーマン・ショックと金融支援の効果
金融円滑化施策は中小企業を助けたか？

小川　光・穂坂一浩

1　はじめに
2　リーマン・ショック後に実施された金融円滑化施策
3　金融円滑化施策にかかる先行研究
4　実証分析
5　先行研究の分析結果との比較・考察
6　おわりに

1 はじめに

　日本経済は，2008年に発生したリーマン・ショックの影響により，大きな打撃を受けた。中でも，大企業よりも経営体力の劣る中小企業は厳しい状況に陥った。リーマン・ショック前後の中小企業が厳しい経営環境に置かれていたことはいくつかの指標で明らかである。

　例えば，図6-1では企業の業況の推移が描かれているが，これを見ると，リーマン・ショック前の日本経済は，ゆるやかな景気回復が続いており，業況も好調に推移していた。その後，2008年初めから，原油価格の急騰と欧米経済の急減速により，景気は停滞局面に突入した。同年9月のリーマン・ショックが発生すると，日本経済は大きな打撃を受け，大企業をはじめ，中小企業の業況も急激に悪化した。その後，2009年以降は，2011年に東日本大震災の影響があったものの，おおむね回復基調となり，2013年末には，リーマン・ショック前と同水準となっている[1]。また，図6-2には企業の資金繰りの推移が描かれている。リーマン・ショックが発生した2008年には，輸出の急減等により，まず，大企業の資金繰りが悪化した。続く2009年には，大企業に続いて中堅企業と中小企業の資金繰りが悪化した。その後，大企業と中堅企業は回復したが，中小企業は資金繰りが厳しいマイナス値のまま推移している。さらに，図6-3をもとに企業の収益率の推移を見ると，大企業と中堅企業では，2008年に若干の減少は見られるが，大きな変化は見られない。それに対して，中小企業では，2009年に大きく落ち込んでいる。中小企業の多くは，大企業や中堅企業の下請けとして，収益を得ている。このことを考慮すると，リーマン・ショック後，大企業や中堅企業から，取引価格の転嫁や原価低減の要請を強いられ，収益が圧迫されていた可能性がある[2]。最後に，リーマン・ショ

　1　東日本大震災が中小企業に与えた影響については，次章で詳しく取り上げる。

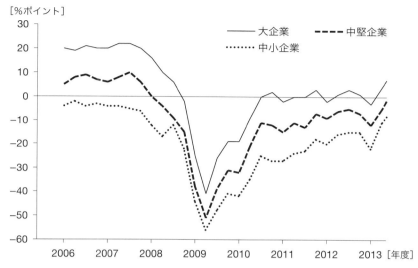

図6-1　企業の業況の推移

（注）　資本金により，大企業（10億円以上），中堅企業（1億円以上10億円未満），中小企業（2千万円以上1億円未満）と区分。
（出所）「全国企業短期経済観測調査　業況判断 D. I.」（日本銀行）。

ックの影響があったと考えられる企業の倒産件数の推移を見てみよう。図6-4に示されているとおり，大企業を含めた全体の倒産件数は，2008年と2009年の1万5000社を超えた時期がピークとなっている。倒産件数の9割以上は，資本金が5000万円未満の企業であり，多くの中小企業が倒産に陥っていたことがわかる。リーマン・ショックにより，中小企業は，資金繰りの悪化や収益率の減少が起こり，極めて厳しい状況に置かれていたこと，それが，多くの倒産につながっていたことなどが推測される。

　このような経済危機に対して，政府は，中小企業の資金繰りを円滑にす

2　2013年の帝国データバンクによる「我が国自動車産業の取引構造に関する調査」（14頁）によれば，リーマン・ショック時に30％にも及ぶ原価低減要請を上位サプライヤーから受けた事例も見られる。

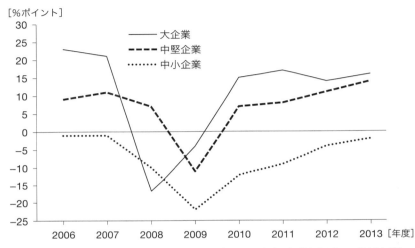

図 6-2　企業の資金繰りの推移

(注)　資本金により，大企業（10 億円以上），中堅企業（1 億円以上 10 億円未満），中小企業（2 千万円以上 1 億円未満）と区分。
(出所)　「全国企業短期経済観測調査 資金繰り判断 D.I.」（日本銀行）。

るため，さまざまな支援策（以下「円滑化施策」という）を講じた[3]。そのうち，代表的な施策は，2008 年に導入された緊急保証制度（以下「緊急保証」という）と，2009 年に施行された中小企業金融円滑化法（以下「円滑化法」という）である[4]。前者は，金融機関の積極的な融資を促すものであり，後者は，融資先からの条件変更などの申出に，金融機関が応じる努力義務を課すものである。いずれの施策も，全国の数多くの中小企業に利用されていた。

---

[3]　リーマン・ショック後に，政府と日銀によって実施された金融円滑化施策の流れについては，家森・近藤 (2011) が詳しい。

[4]　正式名称は「中小企業者等に対する金融の円滑化を図るための臨時措置に関する法律」（平成 21 年法律第 96 号）。緊急保証制度は，2009 年 4 月に「原材料価格高騰対応等緊急保証制度」から名称変更されたものであるが，本章では，名称が変更される前の制度を指す場合にも，便宜的に緊急保証制度と呼ぶこととする。

第6章　リーマン・ショックと金融支援の効果　131

図6-3　企業の収益率の推移

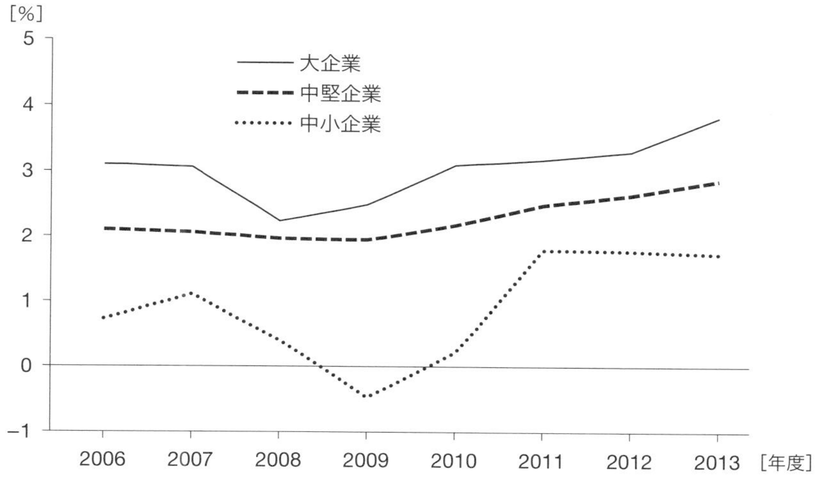

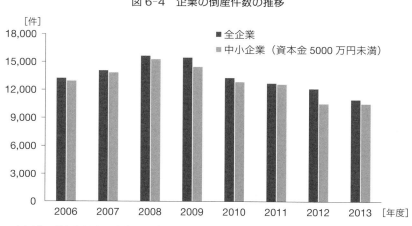

(注)　資本金により，大企業（10億円以上），中堅企業（1億円以上10億円未満），中小企業（2千万円以上1億円未満）と区分。
(出所)　「法人企業統計 売上高経常利益率」（財務省）。

図6-4　企業の倒産件数の推移

(出所)　「企業倒産調査年報」（一般財団法人企業共済協会）。

本章では，リーマン・ショック後に実施された円滑化施策が，中小企業の倒産をくい止める効果があったのかを確認したうえで，都市と地方など地域間での効果の差，産業構造の違いによる効果の差について，都道府県別のパネルデータを用いた計量分析を行うことで，政策効果の全体像をより明らかにしたい。

円滑化施策にかかる研究は，近藤 (2011, 2012) において金融機関を対象とした計量的な分析が行われている。また，中小企業を対象とした研究は，家森 (2012) のアンケート調査，岡本 (2013) のインタビュー調査によって一定の知見が得られているが，計量的な分析が十分になされているとはいえず，その効果が実際に中小企業のために役立ったのかという疑問に対する標準的な見解はまだ確立されていない。本章は，家森 (2012)，岡本 (2013) とは異なるアプローチによって，円滑化施策を評価する試みである。

2 リーマン・ショック後に実施された金融円滑化施策

はじめに，リーマン・ショック後に実施された円滑化施策の柱である，緊急保証と円滑化法について振り返っておこう。

第1の柱である緊急保証は，政府が実施する信用保証制度の1つである。信用保証制度とは，中小企業が金融機関から融資を受ける際に，その債務を保証協会に保証してもらうことで（保証承諾），信用力が低い企業であっても，融資を受けやすくなるメリットがある。その融資の返済が困難になった場合，保証協会は中小企業に代わって，金融機関に債務を弁済し（代位弁済），その後，保証協会は，中小企業から代位弁済分を回収するという仕組みとなっている（図6-5）[5]。信用保証制度には，目的や対象により，さまざまなメニューが用意されているが，緊急保証は，リーマン・シ

---

5 信用保証制度や保証協会に焦点を当てた研究は，家森 (2004) が詳しい。

図 6-5　信用保証制度のイメージ

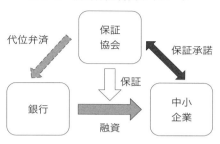

（出所）　一般社団法人全国信用保証協会
連合会のホームページ公表資料。

ョック対応への臨時措置として，2008 年 10 月に導入されたものである[6]。通常の保証と，緊急保証の主な違いは，金融機関のリスク負担がないこと，対象企業のほぼ全業種をカバーしていることである。

　通常，保証のリスク負担は，金融機関の融資が返済困難になってしまった場合，原則，保証協会が 80％，金融機関が 20％ を負担する責任共有制度が採られている[7]。一方，緊急保証は，金融機関による中小企業への資金供給が滞ってしまうことを防ぐため，保証協会が 100％ のリスクを負担する内容となっている。また，対象業種についても，通常の保証は，約 250 業種と限定している一方で，緊急保証は約 800 業種であり，ほぼ全業種が利用できるように拡充された。こうした措置は，政府の巨額の財政出動に加えて，金融機関がリスクを負担することのない状況で，融資審査やその後のモニタリングが行われるため，金融機関のモラルハザードを誘発させる懸念があるが，政府は，リーマン・ショックへの緊急対応として，

---

[6]　信用保証制度のメニューには，小規模事業者を対象にしたもの，創業者を対象にしたものなどがある。

[7]　責任共有制度は，金融機関と保証協会が，適切な負担割合とするため，2007 年 10 月に導入された制度。内田 (2007) が詳しい。

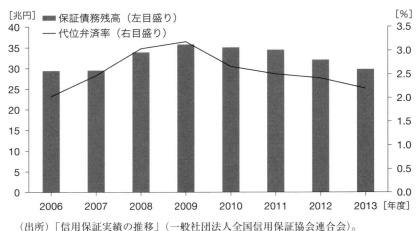

図 6-6 信用保証制度の実績の推移

（出所）「信用保証実績の推移」（一般社団法人全国信用保証協会連合会）。

中小企業への円滑な資金供給策を優先させた[8]。

図 6-6 をもとに信用保証制度の実績の推移を見ると，保証債務残高については，緊急保証が創設・拡充された 2008 年と 2009 年に増加している。また，保証債務残高のうち代位弁済に陥ってしまった割合である代位弁済率については，2006 年から 2009 年にかけて増加しているが，それ以降は減少に転じている。このことから，リーマン・ショック発生直後に多くの中小企業が緊急保証を利用していたことが推測される。2011 年の『中小企業白書』（中小企業庁）によれば，緊急保証は，約 85 万社の中小企業に利用されたといわれている。

次に，第 2 の柱である円滑化法について説明しておこう。同法は，中小

---

[8] 近藤 (2012) において，不良債権を多く抱える銀行ほど，緊急保証を多用する傾向があることを指摘している。また，岡田 (2013) において，緊急保証への過度な依存が続くと，モラルハザードの発生や財政コストの増加，貸出市場の歪みなどの負の影響が大きくなる懸念があることを指摘している。

企業が融資の返済に支障をきたし，条件変更や返済猶予等の申出があった場合，金融機関はできる限り応じなければならないとしたものである。また，法の実効性確保のために，金融機関には，同法にかかる体制整備や条件変更等の取組状況を金融庁へ報告，開示することも義務づけている。

当初，円滑化法は2011年3月末で失効する2年の時限立法であったが，政府は先行きの不透明感から2度にわたる延長を経て，2013年3月末まで継続された。円滑化法を利用する中小企業は，制度の開始直後から右肩上がりで増え続け，4年間で40万社以上に上った。そのうち，金融機関が，中小企業からの条件変更などの申出に対応した割合（実行率）は，97％を超えており，金融機関側でも積極的に対応していたことがうかがえる[9]。

このように，全国の中小企業や金融機関を巻き込んだ大規模な施策であったが，円滑化法に対する評価については，賛否両論ある。制度開始直後の2010年，中小企業庁が実施した「経営環境実態調査」の中で，円滑化法に関する質問項目がある。これによると，同法に基づく条件変更を申し込んだ中小企業のうち「非常に効果があった」が46.7％，「やや効果があった」が35.8％であり，回答した469社の8割以上の企業が評価をしている。また，「もし同法が施行されなかった場合，倒産か廃業を検討していた」という回答が22.4％もあったことから，中小企業から一定の評価を受けていたようである。

一方，全国の倒産件数が減少傾向にある中で，円滑化法を利用した後に，倒産してしまう企業は2011年度頃から増加している（図6-7）。図6-8にあるように，円滑化法を利用した後に倒産した企業のメインバンクは，地方銀行と第二地方銀行だけでも50％となっており，地方における多くの中小企業が，円滑化施策の利用後に倒産に追い込まれていたと考えられる[10]。地方における中小企業の倒産は，地方経済の衰退を加速するもので

---

[9] 「中小企業金融円滑化法に基づく貸付条件の変更等の状況について」（金融庁）のデータより。

図 6-7　金融円滑化法利用後に倒産した企業数と全体の倒産推移

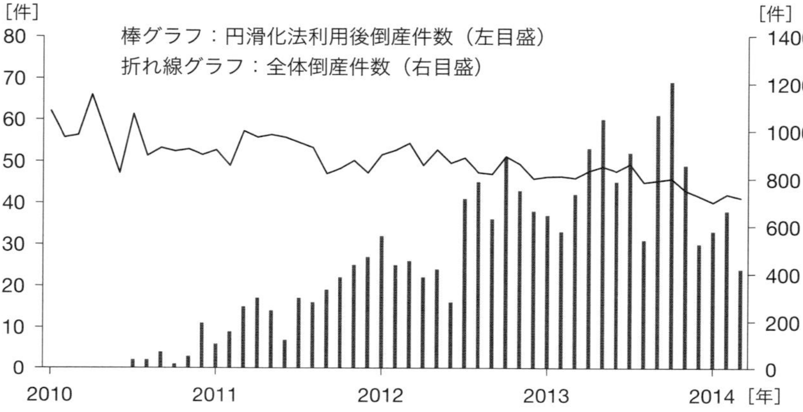

（出所）「第 12 回『金融円滑化法利用後倒産』の動向調査（2012 年 4 月）」（帝国データバンク）。

図 6-8　金融円滑化法利用後に倒産した企業のメインバンク内訳

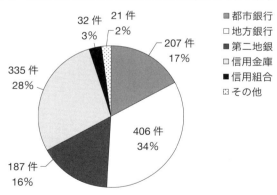

（出所）「第 12 回『金融円滑化法利用後倒産』の動向調査（2012 年 4 月）」（帝国データバンク）。

10　信用金庫，信用組合などの地域金融機関を加えると 80% を超える。

あり，同法の効果は，限定的かつ地方の末端まで波及していなかったのではないかとの指摘もある[11]。

3　金融円滑化施策にかかる先行研究

　円滑化施策の分析を行うにあたり，先行研究にも触れておきたい。円滑化施策の研究は，中小企業を対象にしたものと銀行を対象にしたものに，大別することができる。

　中小企業を対象にした研究では，家森 (2012) が，全国の中小企業にアンケート調査を実施し，回答のあった約2700社の円滑化法施行前後の財務状況やメインバンクとの取引について，分析を行っている。その結果，同法の施行前から，金融機関は自主的に条件変更に応じており，大きな変化は見られなかったこと，同法が経営支援の抜本的な解決にはつながっていないことなどを明らかにした。岡本 (2013) は，円滑化法の利用後に業績が回復しているケースに焦点を当て，企業，金融機関，信用保証協会などへのインタビュー調査を行っている。その結果，業績が回復している企業に共通しているのは，金融機関との良好な関係構築や情報共有ができていること，経営改善計画の策定に積極的に取り組んでいることなどを明らかにした。

　銀行を対象にした研究では，近藤 (2011) が，円滑化法を積極的に活用している銀行の特性を，ディスクロージャー誌に記載されたデータを用いて分析している。その結果，同法を利用する際，自行の財務体力を考慮した適切な対応がとられており，実際には深刻なモラルハザードが起きてい

11　「『中小企業金融円滑化法』に基づく返済猶予の実績調査」（東京商工リサーチ）において，地方ほど円滑化法の利用が一巡し，倒産が増加していることを指摘している。

ないことを明らかにした。また，近藤 (2012) は，緊急保証についても同様の分析を行っており，規模の大きな銀行は同制度を利用しない傾向にあること，不良債権比率が高い銀行ほど制度を多用する傾向にあることなど，銀行によって，効果が一様ではないことを明らかにした。

また，過去に実施された類似の円滑化施策に，「中小企業金融安定化特別保証制度」（以下「特別保証」という）がある。これは，1998年に日本の金融危機が深刻化した際，同年10月から2001年3月までの間，銀行の貸し渋り対策として実施された制度である。銀行に貸し倒れが起きた場合，保証協会が100％リスクを負担し，企業に対して積極的な融資を銀行へ促すものであり，この点で本章が分析の対象とする緊急保証と同様の制度といえる[12]。

この特別保証については，中小企業と銀行に与えた効果について，いくつかの実証研究が行われている。例えば，中小企業を対象にした研究では，小西・長谷部 (2002) が，都道府県別のパネルデータによる実証分析を行い，中小企業向け貸出の増加や短期的な倒産抑制に効果があったことを明らかにしている。また，竹澤ほか (2005) は，都道府県別のパネルデータによる計量的な実証分析を行い，貸出の増加，倒産率の減少の効果があることを明らかにした。一方，松浦・堀 (2003)，植杉 (2008) は，同制度の利用企業と非利用企業の財務データを比較した分析を行い，借入依存体質を招いたこと，早期の債務整理を支援する施策が重要であることを指摘した。

銀行を対象にした研究では，家森 (2004) が，地方銀行と第二地方銀行のクロスセクションデータを用いて，銀行が同制度を過度に利用するなどのモラルハザードは生じていないことを明らかにしている。また，大熊 (2008) は，都道府県別のパネルデータによる分析を行い，地域金融機関のシェアが高い地域ほど，代位弁済率が低くなるなど，その効果は全国一様ではないことを明らかにしている。

---

[12] 緊急保証と特別保証の違いについては，内田 (2010) が詳しい。

本章では，小西・長谷部 (2002)，竹澤ほか (2005) で用いられた分析手法を参考とする。本来，政策効果を検証するのであれば，制度を利用した企業と利用しなかった企業の財務データなどを時系列で比較して，そのパフォーマンスの変化を分析することが望ましいと思われる。しかし，円滑化施策の利用企業のデータは，公表されていないため，本章の分析では，利用企業と非利用企業が混在する形となる。しかし，円滑化施策を利用している企業は多く，全国を網羅する都道府県別のパネルデータを活用することで，全体の傾向や先行研究を補完する結論を導くことはできると考えられる。

4 実証分析

4.1 金融円滑化施策は倒産減少に効果があったか

はじめに，図 6-9 で図示される関係を想定してリーマン・ショック後に行われた円滑化施策が，中小企業の倒産減少に効果があったのかを見ていこう。倒産減少の要因は，地域ごとの景況に加えて，銀行の積極的な貸出や条件変更などが想定される。そこで，まず，円滑化施策が銀行の貸出増加および条件変更に有意な影響を与えていたかを確認し（図 6-9 の①，②），その後，中小企業の倒産減少の効果を検証する（図 6-9 の③）。

検証に用いるデータは，リーマン・ショック前の 2006 年度から円滑化施策が終了する 2012 年度の 7 年間の都道府県別のパネルデータであり，これを固定効果モデルで推定する[13]。

まず，推定①，②の被説明変数となるデータの概要を説明したい。（中小貸出）および（条件緩和債権額）は，全国の地方銀行と第二地方銀行の中小企業向け貸出残高と貸出条件緩和債権額である。データは，各行のウェブサイトやディスクロージャー誌などから入手し，都道府県ごとに足し

図 6-9 金融円滑化施策の倒産減少効果のモデル図

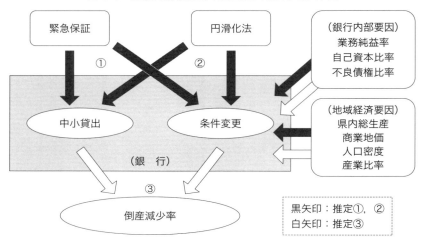

合わせ，県民1人当たりに割った値を対数化した[14]。

（倒産減少率）は，都道府県ごとの中小企業の倒産状況である。2009年度を倒産件数のピークとみなし，そこからの変化を減少率として計算した。データは，企業共済協会の「企業倒産調査」から入手し，資本金5000万円未満の企業に絞った倒産件数を利用している。

次に，説明変数となるデータの概要を説明しよう。

（保証債務残高）は，緊急保証の利用度を表す代理変数である。データは，全国の信用保証協会が公表しているディスクロージャー誌などから年

---

[13] モデル選択について，最小2乗法モデル，固定効果モデル，変量効果モデルのいずれかの選択を行うこととなるが，それぞれ F 検定，Breush-Pagan Lagrangian multiplier 検定，Hausman 検定を行い，固定効果モデルの推定値を採用することを確認している。なお，モデルの選択や推定結果の見方については，山本 (2015) がわかりやすい。

[14] ディスクロージャー誌に記載のないものについては，電話によるヒアリングにより個別に確認した。

度末の保証債務残高を入手し，都道府県ごとに足し合わせ，県民1人当たりに割った値を対数化した[15]。保証制度の利用が増加すれば，貸出残高および条件変更の増加につながる可能性があるため係数は，正の符号をとることが予想される。

（金融円滑化法）は，円滑化法が実施されたことを表すダミー変数である。同法が施行された2009年以降を「1」とし，それよりも前を「0」とする。法の目的は，貸し渋り，貸しはがし対策であり，貸出残高および条件変更の増加につながる可能性があるため係数は，正の符号をとることが予想される。

（業務純益率）は，銀行の融資などの本業によるもうけを表す代理変数である。データは，全国銀行協会の「全国銀行財務諸表分析」から入手した。銀行ごとの規模の差が生じてしまうことを防ぐため，業務純益を総資産で割った数値を利用している。多額の利益を上げている銀行ほど，貸出および条件変更に積極的に応じる可能性があるため係数は，正の符号をとることが予想される。

（自己資本比率）は，銀行の財務の健全性を表す代理変数であり，データは，全国銀行協会の「全国銀行財務諸表分析」から入手した。財務が健全である企業は，貸出および条件変更に積極的に応じる可能性があるため係数は，正の符号をとることが予想される。

（不良債権比率）は，銀行の貸出金のうち不良債権をどれだけ抱えているかを表す代理変数である。データは，全国銀行協会の「全国銀行財務諸表分析」から入手した。リスク管理債権（破綻先債権，延滞債権，3か月以上延滞債権，貸出条件緩和債権の合計）を貸出金で割った値を利用している。不良債権を抱えている銀行ほど，リスク回避的となり，貸出および条件変更を控えると考えられるため係数は，負の符号をとることが予想される。

（商業地価）は，銀行が融資を行う際の担保価値を表す代理変数である。

---

15 注14に同じ。

表 6-1 基本統計量

	平均	標準偏差	最小値	最大値
倒産減少率	0.239	0.190	0.000	0.765
中小貸出（対数）	1.830	0.611	−0.050	2.983
条件緩和債権額（対数）	1.503	0.544	−0.243	2.833
保証債務残高（対数）	5.405	0.425	4.302	6.801
金融円滑化法ダミー	0.571	0.495	0.000	1.000
業務純益率	0.490	0.195	−0.771	1.083
自己資本比率	6.709	1.424	2.340	12.750
不良債権比率	3.900	1.124	1.770	9.063
商業地価（対数）	11.575	0.715	10.360	14.394
県内総生産（対数）	8.032	0.193	7.623	8.891
15歳未満人口割合	13.443	0.983	11.100	18.400
65歳以上人口割合	24.047	2.802	16.540	30.775
人口密度	5.827	0.981	4.180	8.746
第二次産業比率	27.707	7.950	11.602	46.000
第三次産業比率	70.423	7.650	52.837	87.781
観測数	329			

データは，国土交通省の「都道府県地価調査」の商業地価平均値を対数化して利用する。担保価値が上昇すれば，貸出および条件変更も増加すると考えられるため係数は，正の符号をとることが予想される。

（県内総生産）は，各都道府県の経済的な豊かさを表す変数である。データは，内閣府の「県民経済計算」の値を県民1人当たりに割った値を対数化して利用する。経済的に豊かな地域の銀行ほど，その景況の良さから，貸出および条件変更に積極的になると考えられるため係数は，正の符号をとることが予想される。

（15歳未満人口割合）および（65歳以上人口割合）は，各都道府県の15歳未満，65歳以上の人口割合であり，地域の属性を表わす変数である。データは，総務省の「国勢調査」および「都道府県別将来人口推計」の値を利用している。

（人口密度）は，各都道府県の人口を面積で割った値である。データは，

国土地理院の「全国都道府県市区町村別面積調」および総務省の「都道府県別将来人口推計」の値を利用する。

最後に，(第二次産業比率) および (第三次産業比率) は，各都道府県別の産業比率であり，地域の産業構造を表す変数である。データは，内閣府の「県民経済計算」の値を利用している。なお，それぞれの変数の基本統計量は，表6-1のとおりである。

円滑化施策の銀行の貸出や条件変更の効果について検証する回帰式は (6.1) 式，(6.2) 式である。X は県内総生産など地域の経済要因や銀行の自己資本比率など銀行内部の要因を表す説明変数である。α_0, α_1, α_2, α_3 はそれぞれ推計するパラメータであり，ε は誤差項である。右下添字 i は都道府県，t は時点を表す。

また，倒産減少の効果について検証する回帰式は (6.3) 式である。倒産減少率には，地域の経済要因や銀行内部の要因についても，影響を与えていることが想定されるため，同様に説明変数 X として導入する。

① 中小企業向け貸出残高を被説明変数とした場合
$$(\text{中小貸出})_{i,t} = \alpha_0 + \alpha_1 (\text{保証債務残高})_{i,t} + \alpha_2 (\text{金融円滑化法})_{i,t} + \alpha_3 X_{i,t} + \varepsilon_{i,t} \tag{6.1}$$

② 条件緩和債権額を被説明変数とした場合
$$(\text{条件緩和債権額})_{i,t} = \alpha_0 + \alpha_1 (\text{保証債務残高})_{i,t} + \alpha_2 (\text{金融円滑化法})_{i,t} + \alpha_3 X_{i,t} + \varepsilon_{i,t} \tag{6.2}$$

③ 中小企業の倒産減少率を被説明変数とした場合
$$(\text{倒産減少率})_{i,t} = \alpha_0 + \alpha_1 (\text{中小貸出})_{i,t} + \alpha_2 (\text{条件緩和債権額})_{i,t} + \alpha_3 X_{i,t} + \varepsilon_{i,t} \tag{6.3}$$

(6.1) 式，(6.2) 式の推定結果は，表6-2のとおりであり，その概要をまとめると以下のようになる。

(保証債務残高) および (金融円滑化法) の係数は，統計的に有意に正

表 6-2　円滑化施策の貸出・条件変更への効果

	係数（中小貸出）		係数（条件緩和債権額）	
保証債務残高	0.209***	(3.84)	0.147***	(2.75)
金融円滑化法ダミー	0.107***	(2.99)	0.197***	(3.00)
業務純益率	0.019	(0.25)	0.055**	(2.04)
自己資本比率	−0.011***	(−3.10)	0.001	(0.05)
不良債権比率	−0.001	(−0.06)	0.170***	(2.59)
商業地価	0.123**	(2.16)	−0.039	(−0.72)
県内総生産	0.213	(1.49)	0.217**	(2.07)
15歳未満人口割合	0.065*	(1.84)	0.087***	(2.82)
65歳以上人口割合	0.021*	(1.83)	0.027**	(2.53)
人口密度	−0.173***	(−3.28)	−0.069	(−1.43)
第二次産業比率	−0.006	(−0.16)	0.016	(0.52)
第三次産業比率	0.017	(0.04)	0.018	(0.60)
自由度修正済み決定係数	0.550		0.428	
観測数		329		

（注）カッコ内は t 値．***は1％，**は5％，*は10％水準で統計的に有意であることを示す．

であり，円滑化施策が，銀行の中小企業向け貸出と条件変更を増加させる効果を与えていたと推測される．

（中小貸出）について，円滑化法よりも保証債務残高の係数が高くなっていることから，貸出は，円滑化法よりも保証制度に強い影響を受けていたことがわかる．これは，保証制度が貸出を促進する目的としたものであり，円滑化法は条件変更や返済期限の延長を目的として導入されたことを考えれば自然な結果であろう．しかし，（金融円滑化法）の係数の低さを考慮すると，法の施行以前から，銀行の課題とされていた新規融資の増加には，決定的な効果を与えていなかったとも考えられる．この点，原田・鯉渕 (2010) において，円滑化法の副作用（新規融資の減少）として指摘されているところである[16]．

また，（条件緩和債権額）について，（保証債務残高）よりも（金融円滑化法）の係数が高くなっており，保証制度よりも円滑化法に強い影響を受

表 6-3 円滑化施策の倒産減少効果

	係数	
中小貸出	0.182***	(2.98)
条件緩和債権額	0.147**	(2.03)
業務純益率	0.036	(1.46)
自己資本比率	−0.002	(−0.42)
不良債権比率	−0.121**	(2.24)
商業地価	0.208*	(1.85)
県内総生産	0.216***	(2.86)
15歳未満人口割合	0.033	(1.15)
65歳以上人口割合	0.096	(1.11)
人口密度	−0.011	(−0.89)
第二次産業比率	−0.008	(−0.28)
第三次産業比率	−0.007	(−0.26)
自由度修正済み決定係数	0.468	
観測数	329	

（注）　カッコ内は t 値，***は1％，**は5％，*は10％水準で統計的に有意であることを示す。

けていたことがわかる。この理由は前述のとおりであると考えられる。

その他，銀行の内部要因，地域経済要因については，係数の符号をはじめ，おおむね予想どおりの結果となっている。係数や有意水準の高さを見ると，銀行の貸出や条件変更には，県内総生産のような地域の経済情勢の変化にも大きく左右されるようである[17]。

次に，上記結果に基づき，円滑化施策による倒産減少の効果について検証する。(6.3)式の推定結果は，表6-3に示されるとおり，主な結果を以下のようにまとめることができる。

16　奥津 (2013) においても，中小企業の事業再生にはニューマネーの供給が重要であると指摘している。

17　近藤 (2011) において，銀行の自己資本比率や規模の差などの属性により，制度利用に変化が生じることを明らかにしている。

（中小貸出）および（条件緩和債権額）の係数は，統計的に有意に正であり，円滑化施策が中小企業の倒産減少に効果を与えていたと推測される。

係数を比較すると，貸出と条件変更では，貸出のほうが強い相関があり，倒産減少により効果があったという結果となった。貸出は円滑化法に比べて，保証制度に強い相関があったとする先の分析結果を踏まえると，円滑化施策の中でも，円滑化法よりも保証制度のほうが，倒産減少の効果が高かったと推測できる。

また，保証制度が倒産減少に寄与していたとする分析は，1998 年に導入された特別保証にかかる先行研究においても，小西・長谷部 (2002)，竹澤ほか (2005) により示されており，緊急保証についても，同様の結果が得られた。

さらに，円滑化法は，倒産減少に有意に正の効果を与えているが，そこまで強い相関が出ていない。これは，銀行は法の施行前から自主的に企業からの条件変更に応じていたと指摘した家森 (2012) と同様の結果と考えることができ，施策の導入前後で，それほど大きな変化がなかったと考えることができる。

なお，地域経済要因である（商業地価）および（県内総生産）は，貸出や条件変更よりも強い相関が出ている。企業の倒産は，あらゆる要因を受けて発生する点を鑑みれば，自然な結果といえるかもしれないが，考慮すべきは，地域の景況により，円滑化施策の効果が大きく左右されることである。この点，地方経済の衰退が懸念されていること，円滑化法を利用した後に倒産した企業は，地方銀行などの地域金融機関の取引先が多いことを踏まえると，円滑化施策の効果について，都市と地方など，地域を分けて比較検証する必要があると思われる。

4.2　円滑化施策の効果は地域によって差はなかったか

前述の結果を踏まえ，円滑化施策の効果が，都市と地方で異なっていたとの仮説を立て，比較検証を行う。都市と地方の比較においては，どこか

表6-4 各グループの基本統計量

① 3大都市

3大都市（東京都，大阪府，愛知県）

	平均	標準偏差	最小値	最大値
倒産減少率	0.153	0.157	0.590	3.213
中小貸出（対数）	0.490	0.398	−0.049	0.930
条件緩和債権額（対数）	1.047	0.209	0.643	1.365
業務純益率	0.474	0.158	0.248	0.825
自己資本比率	6.009	0.486	4.986	6.912
不良債権比率	3.946	0.738	2.500	5.805
商業地価（対数）	13.269	0.729	12.441	14.394
県内総生産（対数）	8.468	0.259	8.223	8.891
15歳未満人口割合	13.190	1.291	11.300	14.800
65歳以上人口割合	20.576	1.397	17.900	23.700
人口密度	8.148	0.643	7.264	8.747
第二次産業比率	23.487	11.153	12.167	41.964
第三次産業比率	76.273	11.369	57.525	87.781
観測数	21			

3大都市以外の県グループ

	平均	標準偏差	最小値	最大値
倒産減少率	0.245	0.191	0.000	0.764
中小貸出（対数）	1.921	0.505	0.427	2.983
条件緩和債権額（対数）	1.535	0.546	−0.242	2.833
業務純益率	0.198	0.198	−0.771	1.083
自己資本比率	6.757	1.454	2.340	12.750
不良債権比率	3.897	1.146	1.770	9.063
商業地価（対数）	11.460	0.549	10.360	13.033
県内総生産（対数）	8.002	0.146	7.623	8.329
15歳未満人口割合	13.460	0.958	11.100	18.400
65歳以上人口割合	24.284	2.717	16.500	30.700
人口密度	5.669	0.779	4.181	8.231
第二次産業比率	27.994	7.622	11.601	45.995
第三次産業比率	70.022	7.182	52.836	86.436
観測数	308			

② 3大都市＋7都市（神奈川県，北海道，兵庫県，福岡県，京都府，埼玉県，広島県）

3大都市＋7都市

	平均	標準偏差	最小値	最大値
倒産減少率	0.168	0.152	0.000	0.589
中小貸出（対数）	1.219	0.678	−0.049	2.412
条件緩和債権額（対数）	1.005	0.548	−0.242	2.637
業務純益率	0.518	0.211	−0.771	0.893
自己資本比率	6.423	1.124	4.145	9.550
不良債権比率	3.552	0.715	2.500	5.805
商業地価（対数）	12.550	0.769	10.975	14.394
県内総生産（対数）	8.150	0.265	7.808	8.890
15歳未満人口割合	13.260	0.864	11.300	14.800
65歳以上人口割合	21.594	1.971	17.300	26.000
人口密度	7.002	1.308	4.180	8.746
第二次産業比率	24.452	7.173	12.167	41.964
第三次産業比率	74.732	6.975	57.524	87.781
観測数	70			

3大都市＋7都市以外の県グループ

	平均	標準偏差	最小値	最大値
倒産減少率	0.258	0.195	0.000	0.764
中小貸出（対数）	1.994	0.470	0.426	2.982
条件緩和債権額（対数）	1.637	0.458	0.569	2.833
業務純益率	0.482	0.191	−0.297	1.083
自己資本比率	6.787	1.487	2.340	12.750
不良債権比率	3.994	1.195	1.770	9.063
商業地価（対数）	11.310	0.401	10.360	12.425
県内総生産（対数）	8.001	0.153	7.622	8.328
15歳未満人口割合	13.492	1.007	11.100	18.400
65歳以上人口割合	24.710	2.622	16.500	30.700
人口密度	5.509	0.538	4.446	7.109
第二次産業比率	28.634	7.919	11.601	45.995
第三次産業比率	69.217	7.401	52.836	86.436
観測数	259			

③ 3大都市＋全政令指定都市

3大都市＋全政令指定都市

	平均	標準偏差	最小値	最大値
倒産減少率	0.181	0.156	0.000	0.589
中小貸出（対数）	1.393	0.591	−0.049	2.412
条件緩和債権額（対数）	1.138	0.523	−0.242	2.637
業務純益率	0.519	0.199	−0.771	0.893
自己資本比率	6.599	1.106	4.145	9.600
不良債権比率	3.508	0.793	1.770	5.805
商業地価（対数）	12.292	0.723	10.975	14.394
県内総生産（対数）	8.107	0.231	7.804	8.891
15歳未満人口割合	13.330	0.735	11.300	14.800
65歳以上人口割合	22.350	2.255	17.300	27.200
人口密度	6.612	1.202	4.180	8.746
第二次産業比率	26.095	7.516	12.167	43.160
第三次産業比率	72.767	7.409	55.819	87.781
観測数	112			

3大都市＋全政令指定都市以外の県グループ

	平均	標準偏差	最小値	最大値
倒産減少率	0.269	0.199	0.000	0.765
中小貸出（対数）	2.054	0.484	0.426	2.982
条件緩和債権額（対数）	1.691	0.451	0.569	2.833
業務純益率	0.475	0.192	−0.297	1.083
自己資本比率	6.766	1.562	2.340	12.750
不良債権比率	4.103	1.214	2.026	9.063
商業地価（対数）	11.205	0.323	10.360	12.017
県内総生産（対数）	7.993	0.155	7.622	8.298
15歳未満人口割合	13.504	1.084	11.100	18.400
65歳以上人口割合	24.923	2.653	16.500	30.700
人口密度	5.421	0.483	4.446	6.428
第二次産業比率	28.579	8.036	11.601	45.995
第三次産業比率	69.182	7.495	52.836	86.436
観測数	217			

表 6-5 都市と地方の効果の差

推定結果① 3大都市グループとの比較

	係数（3大都市）		係数（他県）		係数（全国）	
中小貸出	0.245***	(3.63)	0.189***	(2.96)	0.182***	(2.98)
条件緩和債権額	0.201***	(4.22)	0.132**	(2.44)	0.147**	(2.03)
業務純益率	0.066	(0.07)	0.039**	(2.30)	0.036	(1.46)
自己資本比率	0.046	(1.56)	−0.083**	(−2.12)	−0.002	(−0.42)
不良債権比率	−0.027*	(−1.65)	−0.176**	(−2.44)	−0.121**	(2.24)
商業地価	0.145**	(2.11)	0.140	(1.32)	0.208*	(1.85)
県内総生産	0.153	(1.61)	0.238**	(2.40)	0.216***	(2.86)
15歳未満人口割合	−0.026	(−0.54)	0.024	(1.18)	0.033	(1.15)
65歳以上人口割合	−0.013	(−0.61)	0.030***	(2.84)	0.096	(1.11)
人口密度	−0.252***	(−3.76)	−0.014*	(−1.73)	−0.011	(−0.89)
第二次産業比率	0.210	(0.58)	0.014	(0.08)	−0.008	(−0.28)
第三次産業比率	0.193	(0.53)	0.013	(0.08)	−0.007	(−0.26)
自由度修正済み決定係数	0.781		0.532		0.468	
観測数	21		308		329	

推定結果② 3大都市＋上位7都市グループとの比較

	係数（3大都市＋7都市）		係数（他県）		係数（全国）	
中小貸出	0.195***	(2.68)	0.163***	(3.03)	0.182***	(2.98)
条件緩和債権額	0.145	(1.59)	0.137**	(2.31)	0.147**	(2.03)
業務純益率	0.119	(0.30)	0.101**	(2.51)	0.036	(1.46)
自己資本比率	0.153	(0.96)	−0.087	(−1.12)	−0.002	(−0.42)
不良債権比率	−0.031	(−1.53)	−0.008	(−0.09)	−0.121**	(2.24)
商業地価	0.191	(0.86)	0.274	(0.81)	0.208**	(1.85)
県内総生産	0.217	(1.42)	0.185**	(2.25)	0.216***	(2.86)
15歳未満人口割合	0.100	(1.55)	0.094**	(2.01)	0.033	(1.15)
65歳以上人口割合	−0.186	(−0.93)	0.046***	(3.28)	0.096	(1.11)
人口密度	0.176	(0.29)	−0.017	(−0.99)	−0.011	(−0.89)
第二次産業比率	0.081	(0.67)	0.018	(0.48)	−0.008	(−0.28)
第三次産業比率	0.084	(0.70)	0.016	(0.41)	−0.007	(−0.26)
自由度修正済み決定係数	0.598		0.512		0.468	
観測数	70		259		329	

推定結果③　3大都市＋全政令指定都市グループとの比較

	係数(3大都市＋全政令市)		係数(他県)		係数(全国)	
中小貸出	0.185**	(2.47)	0.136**	(2.21)	0.182***	(2.98)
条件緩和債権額	0.140**	(2.43)	0.110	(1.44)	0.147**	(2.03)
業務純益率	0.011	(0.05)	0.101**	(2.43)	0.036	(1.46)
自己資本比率	−0.053	(−0.88)	−0.073	(−0.79)	−0.002	(−0.42)
不良債権比率	0.077	(0.98)	−0.026	(−0.27)	−0.121**	(2.24)
商業地価	0.112**	(2.55)	0.184	(0.06)	0.208*	(1.85)
県内総生産	0.160	(1.35)	0.256	(1.51)	0.216***	(2.86)
15歳未満人口割合	0.028	(0.84)	0.069	(1.37)	0.033	(1.15)
65歳以上人口割合	0.018**	(2.18)	0.034**	(2.00)	0.096	(1.11)
人口密度	−0.018	(−0.95)	−0.168	(−1.38)	−0.011	(−0.89)
第二次産業比率	0.258	(0.60)	0.028	(0.69)	−0.008	(−0.28)
第三次産業比率	0.270	(0.62)	0.028	(0.68)	−0.007	(−0.26)
自由度修正済み決定係数	0.576		0.518		0.468	
観測数	112		218		329	

（注）　カッコ内は t 値．***は1％，**は5％，*は10％水準で統計的に有意であることを示す．

らが都市で，どこまでが地方なのかという点は疑義が生じるところであるが，便宜的に，政令指定都市などの人口の多い県（都市）と，その他の県（地方）などにグループ分けをして検証を行うこととしたい．

具体的には，①「3大都市グループ（東京都，大阪府，愛知県）とその他の県（44県）」，②「3大都市＋政令指定都市の人口上位7都市を置く県グループ（神奈川県，北海道，兵庫県，福岡県，京都府，埼玉県，広島県）とその他の県（37県）」，③「3大都市＋全政令指定都市を置く県グループ（神奈川県，北海道，兵庫県，福岡県，京都府，埼玉県，広島県，宮城県，千葉県，新潟県，静岡県，熊本県，岡山県）とその他の県（31県）」の3つのグループにより，分析を行う．

この検証を行うために用いるモデルは，倒産減少の効果測定に使用した(6.3)式である．データの対象期間や変数についても，同様に使用する．なお，検証する各グループの基本統計量は，表6-4のとおりである．各グループの推定結果は，表6-5のとおりである．

はじめに，3大都市グループとその他の県との推定結果を見てみよう

（推定結果①）。（中小貸出）および（条件緩和債権額）の係数は，統計的に有意に正であり，円滑化施策が銀行の中小企業向け貸出と条件緩和債権額を増加させる効果を与えていたと推測できる。係数について詳しく見てみると，3大都市グループのほうが，その他の県および全国一律に推定した値よりも高くなっており，倒産減少により強い相関が表れている。また，その他の県と全国一律の係数を比較すると，おおむね同水準となっており，いずれも3大都市グループの値よりも小さくなっている。このことから，保証制度や円滑化法などの施策は，都市部の企業に効果がより強く表れるなど，地域によって効果に違いが生じていた可能性がある。

次に，3大都市に政令指定都市の人口上位7都市を加えたグループとその他の県との比較について分析する（推定結果②）。

3大都市に政令指定都市の人口上位7都市を加えると，（中小貸出）および（条件緩和債権額）の係数が推定結果①の3大都市の場合などよりも低下していることがわかる。つまり，大都市から地方都市にかけて，円滑化施策の効果が次第に小さくなる傾向があることが推測される。また，その他の県と全国一律の係数とを比較すると，全国の係数とおおむね同水準の値となっているが，その他の県のほうがわずかに係数が小さくなっている。政令指定都市の人口上位7都市を置く県では，円滑化施策の効果がおおむね全国並みの効果が得られているが，それよりも経済規模の小さい県では，効果が小さくなっていた可能性がある。

最後に，3大都市に全政令指定都市を加えたグループとその他の県との比較について分析する（推定結果③）。

3大都市に全政令指定都市を加えたグループとその他の県を比較すると，都市と地方で円滑化施策の効果に差が生じていたことが，より明確になっている。また，その他の県と全国一律の係数とを比較すると，その他の県は全国の係数よりも小さい値となっており，政令指定都市を置かない比較的経済規模の小さな地方の県では，円滑化施策の効果がさらに小さくなっていたことが推測される。

以上の分析結果により，円滑化施策は，都市と地方によって，効果に差が生じていたこと，分析の対象範囲を大都市から地方都市へと拡大すると，円滑化施策の効果が次第に小さくなる傾向があることが明らかになった。

　このように，都市と地方で効果に差が生じる要因として考えられるのは次の2点である。

　1点目は，産業構造の違いである。都市部では，サービス業などの第三次産業比率が高いが，大都市から離れた地方では，製造業などの第二次産業が集積する地域が多く，リーマン・ショックの影響を大きく受けた中小企業も多いと思われる[18]。リーマン・ショック発生後，海外需要が急減したことで，モノを作って，海外へ輸出するような製造業が最もその影響を受けたはずである。こうした企業の業況が円滑化施策の効果以上に，深刻化していたとすれば，その効果が末端まで行き届いていなかった可能性がある。

　2点目は，銀行側の行動変化である。地方の銀行は，リーマン・ショックの影響により，地元の企業への融資開拓が困難になり，より高い需要を獲得するため，都市部の企業への貸付（域外貸付）を積極的に行うようになった可能性がある[19]。その結果，都市部の企業への貸出増加，倒産減少の効果が，地方の企業よりも強く検出されたと思われる。また，地方の銀行が都市部へ進出することにより，都市部の銀行では顧客をとられまいと，円滑化施策が実施されたことを契機として，取り組みを積極化したとも考えられる。この点，円滑化施策実行後の都市部の銀行と地方の銀行に関する詳細な分析が必要であろう。

---

[18] 帝国データバンク(2013)「金融円滑化法に対する企業の意識調査」によれば，円滑化法利用後の倒産が最も多かったのは，製造業とされている。

[19] 2013年12月2日付『日本経済新聞』によれば，地方銀行の間で，地元以外の地域（特に大都市圏）の融資が増加しており，地元の中小企業に対する資金需要の掘り起こしは道半ばである旨の記載がある。

4.3 円滑化施策の効果は産業構造の違いにより差はなかったか

円滑化施策は地方にいくほど効果が小さくなっていた可能性があることは、前述のとおりである。円滑化施策の導入趣旨を踏まえれば、こうした地方の中小企業、特に製造業などの第二次産業に、最も大きな効果を行き届けることが求められていたはずである。

ここからは、都市と地方の効果の差の要因の1つとして考えられる産業構造の違いにより、円滑化施策の効果に差があったのかを見ていこう。具体的には、都道府県別の第二次産業比率の違いに着目し、第二次産業比率の高い上位10県のグループ（滋賀県、栃木県、静岡県、三重県、愛知県、山口県、群馬県、茨城県、富山県、岡山県）と下位10県のグループ（沖縄県、東京都、青森県、宮城県、高知県、長崎県、北海道、鹿児島県、大阪府、宮崎県）に分け、推定結果を比較検証する。この検証を行うために用いるモデルは、倒産減少の効果測定に使用した (6.3) 式である。データの対象期間や変数についても、同様に使用する。なお、検証する各グループの基本統計量は、表6-6のとおりである。

各グループの推定結果は、表6-7のとおりである。まず、第二次産業比率上位10県のグループの結果について、（中小貸出）は統計的に有意に正となっているが、（条件緩和債権額）は統計的に有意となっていない。また、いずれの係数も低く、倒産減少の効果は全国のデータを用いた推定結果と比較しても小さくなっていたことがわかる。次に、下位10県のグループの結果について、（中小貸出）および（条件緩和債権額）の係数は、統計的に有意に正となっており、係数についても全国のデータを用いた推定結果とおおむね同水準となっている。

このことから、産業構造の違いによって、円滑化施策の効果に差が生じていたことが推測される。特に、第二次産業比率が高い地方においては、円滑化施策の効果が低くなっていた、あるいは効果が及んでいなかったことが考えられる。つまり、リーマン・ショック後、円滑化施策の効果を最

表 6-6　各グループの基本統計量

上位10県グループ

	平均	標準偏差	最小値	最大値
倒産減少率	0.261	0.191	0.000	0.755
中小貸出（対数）	1.988	0.574	0.549	2.666
条件緩和債権額（対数）	1.584	0.426	0.855	2.404
業務純益率	0.512	0.190	0.046	1.083
自己資本比率	6.134	1.402	2.340	9.600
不良債権比率	3.729	0.944	2.175	6.755
商業地価（対数）	11.449	0.439	10.866	12.676
県内総生産（対数）	8.190	0.079	8.069	8.458
15歳未満人口割合	13.730	0.671	12.600	15.300
65歳以上人口割合	23.085	2.558	17.900	29.200
人口密度	5.957	0.504	5.455	7.280
第二次産業比率	38.769	3.955	28.632	45.995
第三次産業比率	59.997	3.872	52.836	70.054
観測数	70			

下位10県グループ

	平均	標準偏差	最小値	最大値
倒産減少率	0.221	0.182	0.000	0.657
中小貸出（対数）	1.553	0.564	−0.049	2.323
条件緩和債権額（対数）	1.383	0.375	0.569	2.182
業務純益率	0.406	0.263	−0.771	0.911
自己資本比率	6.634	0.952	4.235	9.090
不良債権比率	4.183	1.341	2.026	9.063
商業地価（対数）	11.575	1.005	10.360	14.394
県内総生産（対数）	7.951	0.302	7.679	8.890
15歳未満人口割合	13.268	1.798	11.100	18.400
65歳以上人口割合	24.295	3.560	16.500	30.700
人口密度	5.557	1.242	4.180	8.746
第二次産業比率	17.828	3.480	11.601	23.067
第三次産業比率	79.111	4.406	73.075	87.781
観測数	70			

表 6-7　産業構造による効果の差
第二次産業比率上位 10 県グループと下位 10 県グループとの比較

	係数（上位 10 県）		係数（下位 10 県）		係数（全国）	
中小貸出	0.121*	(1.73)	0.177*	(1.69)	0.182***	(2.98)
条件緩和債権額	0.098	(0.74)	0.135*	(1.65)	0.147**	(2.03)
業務純益率	−0.001	(−0.00)	0.014	(0.63)	0.036	(1.46)
自己資本比率	0.130	(0.14)	−0.025	(−0.24)	−0.002	(−0.42)
不良債権比率	−0.068	(0.57)	0.099	(1.24)	−0.121**	(2.24)
商業地価	0.212*	(1.78)	−0.196	(1.12)	0.208*	(1.85)
県内総生産	0.298**	(2.11)	0.154*	(1.79)	0.216***	(2.86)
15 歳未満人口割合	0.183*	(1.84)	−0.177*	(−1.81)	0.033	(1.15)
65 歳以上人口割合	−0.013	(−0.72)	0.020	(1.32)	0.096	(1.11)
人口密度	−0.079*	(−1.65)	−0.069**	(−2.25)	−0.011	(−0.89)
第二次産業比率	−0.009	(−0.10)	−0.101	(−0.10)	−0.008	(−0.28)
第三次産業比率	−0.003	(−0.03)	−0.101	(−1.09)	−0.007	(−0.26)
自由度修正済み決定係数	0.601		0.625		0.468	
観測数			70		329	

（注）　カッコ内は t 値．*** は 1%，** は 5%，* は 10% 水準で統計的に有意であることを示す。

も必要としていた企業へ効果が行き届いていなかった可能性があるといえる。

5　先行研究の分析結果との比較・考察

　本章の分析結果と先行研究の分析結果を比較してみたい。家森 (2012) では，銀行は円滑化法の施行前から自主的に条件変更の申込みに応じており，特段大きな変化は見られなかったことをアンケート調査で明らかにしている。本章の分析結果において，円滑化法と倒産減少の相関が小さいことを考慮すれば，おおむね同様の結果が得られたといえるであろう。
　一方で，円滑化施策の効果には地域性や産業比率により効果の差が見受

けられた点は，先行研究からは検出されなかった結果である。こうした結果が得られた理由としては，円滑化法に加えて，緊急保証も同時に分析対象としていることが考えられる。第 1 次分析の結果において，緊急保証が貸出に与える相関の強さは，円滑化法よりも強かったことから，結果的に地域性をより強く反映した結果が得られたのではないだろうか。また，分析対象を円滑化施策のすべての期間（2006 年度から 2012 年度の 7 年分）としていたことも影響しているかもしれない。先行研究のアンケートの調査は，円滑化法の施行の翌年 2010 年度に行われたものであり，法が延長された後では，企業行動や景況に変化が生じていた可能性もある。前述したように，2011 年度頃から円滑化法利用後の倒産が増加していることを踏まえると，時系列で比較的長期の分析をしたことで，そうした変化を捉えることができたのかもしれない。

なお，先行研究のアンケート調査対象の企業の約 7 割が黒字の優良企業であったことも，法の効果が検出されなかった要因の 1 つとも考えられる。金融機関は，そうした優良企業に対しては，従来から条件変更や融資の申込みに積極的に応じていた可能性も考えられる。

岡本 (2013) では，金融機関との関係構築や情報開示に積極的な中小企業ほど，円滑化施策の効果が高くなることをインタビュー調査で明らかにしている。本章での分析結果からは，金融機関との関係の強弱による効果の違いを推し量ることはできないが，地方において，円滑化施策の効果が小さかったことを勘案すると，地方の中小企業ほど，自社の情報開示に消極的であるのか，あるいは，もともと地元の金融機関と関係構築ができていたことから，円滑化施策の導入前後で特段大きな変化が見られなかったのか，先行研究を基礎として，新たな論点の可能性を示唆することができたといえるだろう。

6 おわりに

　本章では，2008年に発生したリーマン・ショック対策として導入された円滑化施策に着目し，その効果を計量的に実証分析した。

　その結果，円滑化施策は，銀行の貸出と条件変更を増加させ，それが，中小企業の倒産減少に効果があったことが明らかになった。円滑化施策の中でも，円滑化法より緊急保証のほうが，貸出増加や倒産減少に対して強い相関があるとの結果も得られた。つまり，円滑化法については，条件変更の相関は相対的に弱く，施行前後で大きな変化が見られなかったともいえる。

　また，倒産減少は，地域の経済要因と強い相関があり，地域の景況に，効果が左右される可能性も想定されることから，都市と地方における効果の差を比較検証した。その結果，円滑化施策は，都市と地方によって，効果に差が生じていたことが明らかになった。分析の対象範囲を大都市から地方都市へと拡大すると，円滑化施策の効果が，次第に小さくなる傾向があるとの結論を得ることができた。

　さらに，産業構造の異なる地域間での，効果の比較検証を行ったところ，円滑化施策の効果に差が生じていたことも明らかになった。特に，リーマン・ショックで最も救済されなければならなかった地方の第二次産業比率が高い地域では，倒産減少の効果が非常に小さくなっていた可能性がある。

　このように，全国一律に見れば効果があったように見える政策も，地域の経済規模や産業構造の違いによって，その効果が一様でない場合がある。

　地方においては，中小企業の占める割合が高く，地域経済の活性化と雇用の受け皿として，大きな役割を果たしている[20]。都市部だけではなく，

---

[20] 中小企業庁『中小企業白書』（2013年）によれば，全国の企業数のうち，中小企業が占める割合は，99.7％であり，労働人口の約7割を雇用している。

地方の景気回復なくして，日本経済全体の活性化を実現することはできない。政府には，都市部だけではなく地方の末端まで行き届く，効果的な政策立案と実行が求められている。リーマン・ショック時のような緊急的な経済ショックに直面した際は，なおさらである。また，地方の現場の状況や直面している課題を熟知しているのは，他でもない地方である。地方自治体や地域金融機関，保証協会等には，地元の特性や実態を反映した，独自の施策を積極的に打ち出すことが望まれる。

● 参 考 文 献

植杉威一郎 (2008)「政府による特別信用保証には効果があったのか」渡辺努・植杉威一郎編著『検証中小企業金融──「根拠なき通説」の実証分析』日本経済新聞出版社：169-202頁。

上原啓一 (2010a)「金融機関に貸付条件の変更に応じる努力を義務付けることをめぐって──中小企業等金融円滑化法案の国会論議（特集 第173回国会の論議の焦点）」『立法と調査』301：133-140頁。

上原啓一 (2010b)「中小企業等金融円滑化法の施行状況を見て──法施行の効果と残された課題」『立法と調査』307：76-83頁。

内田浩示 (2007)「『責任共有制度』と実務対応」『旬刊金融法務事情』55 (1)：63-70頁。

内田衡純 (2010)「緊急保証制度とかつての特別保証制度の違い」『立法と調査』301：160-168頁。

大熊正哲 (2008)「信用保証，リレーションシップ・バンキングと地域金融──都道府県別パネルデータによる実証分析」『早稲田経済学研究』66：1-24頁。

岡田悟 (2013)「信用保証制度をめぐる現状と課題」『調査と情報』794：1-12頁。

岡本哲也 (2013)「事業再生における金融機関の果たすべき役割——中小企業等金融円滑化法を通して」『KOBE UNIVERSITY Working Paper』2012-15b：1-30 頁。

奥津裕介 (2013)「中小企業金融円滑化法終了と金融機関の役割——再生支援協議会の現場からの一考察」『一般財団法人商工総合研究所中小企業懸賞論文』1-14 頁。

小西大・長谷部賢 (2002)「公的信用保証の対策効果」『一橋論叢』128(5)：522-533 頁。

近藤万峰 (2011)「リレーションシップ・バンキング行政の下における地域銀行の中小企業金融円滑化法への取り組み——各行のディスクロージャーデータを用いた分析」『会計検査研究』44：73-89 頁。

近藤万峰 (2012)「リーマン・ショック後における地域銀行の信用保証制度の利用状況」『愛知学院大学論叢 商学研究』52(1・2)：117-131 頁。

竹澤康子・松浦克己・堀雅博 (2005)「中小企業金融円滑化策と倒産・代位弁済の相互関係——2 変量固定効果モデルによる都道府県別パネル分析」『経済分析』176：1-18 頁。

原田喜美枝・鯉渕賢 (2010)「弊害多い過剰な公的支援（特集 金融円滑化法のすべて）」『金融財政事情』61：32-36 頁。

松浦克己・堀雅博 (2003)「特別信用保証と中小企業経営の再構築——中小企業の個票データによる概観と考察」『内閣府経済社会総合研究所 Discussion Paper Series』50：1-28 頁。

山本勲 (2015)『実証分析のための計量経済学——正しい手法と結果の読み方』中央経済社。

家森信善 (2004)『地域金融システムの危機と中小企業金融——信用保証制度の役割と信用金庫のガバナンス』千倉書房。

家森信善 (2012)「中小企業金融円滑化法の効果と課題——2010 年中小企業金融の実態調査結果に基づいて」『金融構造研究』34：99-114 頁。

家森信善・近藤万峰 (2011)「グローバル金融危機に対する日本政府および

日本銀行の政策対応とその効果の検証」『会計検査研究』43：11-29頁。

第7章

自然災害ショックと中小企業のリスクマネジメント

東日本大震災の経験をもとにして

家森信善・浅井義裕

1 はじめに
2 東日本大震災と中小企業のリスクマネジメント
3 分析に利用するデータ
4 分析の結果
5 おわりに

1　はじめに

　前章までは，主に，経済活動の結果として生じた経済ショックが及ぼす，地域経済や企業に対する影響を分析してきた。本章では，地震や台風といった自然災害が企業経営に与える影響に注目する。自然災害の発生自体をコントロールすることはできないものの，自然災害によって発生する被害を小さくするために事前の準備をしておいたり，起こった災害からの復旧を迅速に進めるための事後的な対応方法を用意したりしておくことで，自然災害の経済的なインパクトを軽減することが可能である。

　実際，多くの大企業は，自然災害に対して十分に備えたリスクマネジメントを行っている。例えば，複数の工場を持つ大企業は，主力工場を複数地点（海外も含めて）に分散して立地させているし，本社機能をいざという場合に受け継げる拠点を遠隔地に用意していることもめずらしくない[1]。

　一方で，本章で議論の対象にする中小企業の場合，本社が主たる工場であるという場合が多く，複数の工場を遠隔地に分散させるほどの企業規模ではないのが普通である。しかも，中小企業の場合，大企業に比べて収益の源泉（例えば，主たるマーケット）が多様化していない。したがって，主たる取引先が近接しており，自社がダメージを受けた災害で，主たる取引先も同時にダメージを受けるケースも少なくない。その結果，災害の直接被害だけではなく，販売先や仕入れ先の消失といった間接的な被害も深刻になりうる。このように，大企業に比べて中小企業のほうが，自然災害リスクに対して，より脆弱な状況にあると予想されるだけに，そのリスクへの備えの巧拙は中小企業の命運を左右するとさえいえる[2]。

---

[1] 例えば，「（災害大国　あすへの備え）主要100社調査」（『朝日新聞』2013年12月16日付）によると，日本の主要100社では，事業継続計画を「策定済み」が95社，「策定中」が4社，「策定予定」が1社で，全社が対応をしている。

そこで，本章では，筆者の1人（浅井）が実施した中小企業に対するアンケート調査の結果を活用して，次の4点について議論する。第1に，中小企業がリスクに対して保険をどのように活用しているかの現状を把握する。第2に，東日本大震災の発生前に，中小企業の経営状態の違いが自然災害に対するリスクマネジメントにどのような影響を与えていたかを検証する。第3に，東日本大震災の経験が企業のリスクマネジメント活動にどのような影響を与えたかを検証する。最後に，第4点目として，事前のリスクマネジメントが，震災による経営の悪化という事態を緩和したのかどうかを検討する。

　結果として明らかになったことは以下のとおりである。まず，ほとんどの企業が保険で火災や風水害のリスクをカバーしているが，地震リスクに関して保険を活用していたのは半分にも満たない。さらに，経営状態の悪い企業ほど，事前のリスクマネジメントの実施状況が低調であった。東日本大震災の経験は企業のリスクマネジメント活動を活発化させているが，ここでも企業の経営状態の違いが震災後の対応に影響していることを見出した。経営状態の弱い企業ほどリスクに対して脆弱であるが，そうした脆弱な企業ほどリスクに備えた準備が行われていないということを意味している。したがって，将来発生が心配される巨大地震災害からの円滑な復興を実現するには，幅広い企業がリスクに備える態勢がとれるような支援の仕組みを構築しておくことが急務となっている。

2　東日本大震災と中小企業のリスクマネジメント

　東日本大震災のショックを企業活動分野から分析したものは，家計レベ

2　家計向けの地震保険に関しては，家森ほか (2009)，Yamori, et al. (2009) で議論している。

ルやマクロレベルでの分析に比べると数が少ない[3]。その中で，企業活動の観点から分析を行おうという数少ない試みとして，東北大学大学院経済学研究科地域産業復興調査研究プロジェクト編 (2012, 2013, 2014, 2015) を挙げることができる。これらの研究は，東北大学経済学研究科・震災復興研究センターが調査主体となり，2012年度から毎年実施してきた「震災復興企業実態調査」を集計し，分析したものである。

この調査は，調査対象が約1万1000社，有効回答数約5700社にのぼる大規模なものであり，被災地企業の雇用管理，設備投資，移転，サプライチェーン，および資金調達の観点から，被災地企業の実態を明らかにしようと試みている[4]。こうした企業データを利用して，例えば，内田ほか (2015) は，新規借入をしなかった理由として，「求めたが断られた」という企業が，東日本大震災の被害があった企業でも，わずか2.1%であることを紹介している（35頁）。すなわち，一見すると，被災企業が資金制約のために復興を進められなかったとは考えにくい状況である[5]。

しかしながら，浅井 (2015) が指摘するように，平時の設備投資などの場合，中小企業が資金調達を検討する際に最優先する先として，「内部留保」が43.7%，「銀行・信用金庫の金融機関からの借入」が51.8%であるが，自然災害ショック（火災・地震・水害など）で復旧資金が必要になる場合には，1番目に検討する資金調達の手段として「事前の保険購入」を挙げる企業が58.6%であり，「内部留保」(19.7%) や「銀行・信用金庫の

---

[3] 東日本大震災が消費支出や物価に与えた影響を分析したものとして，例えば，森口ほか (2015), 郡司ほか (2015) などがある。

[4] 毎年，7月から9月の間に実施され，調査票の送付・回収・集計などについては東京商工リサーチ東北支社が担当した。

[5] 大きな災害が発生した場合には，新たに借入を行うと，いわゆる二重ローン問題を含めて，返済負担が重くなりすぎる。そのために，そもそも，借入を申し込むことを躊躇したり，事業の継続をあきらめたりした企業も少なくなかった可能性もある。

金融機関からの借入」(18.7%) を圧倒している (62頁)。つまり，東日本大震災のような自然災害ショックに対する中小企業の資金調達を考える際には，保険の役割を検討することが不可欠であるといえる。

ところが，東日本大震災以後の企業の資金調達についての研究としては，銀行をはじめとした金融機関からの資金調達に注目をしたものは発表されているが，中小企業金融における保険の役割を考慮した分析は限られている。その中で，東日本大震災以降の被災地の企業の復興と保険については，西山ほか (2014, 2015) が，先に紹介した東北大学の「震災復興企業実態調査」に基づいて，東日本大震災前の地震保険等（地震危険担保特約など）への加入率は3割程度で，震災以降（2013年8月時点）では4割程度に上昇していることを明らかにしている。また，西山ほか (2013) は，地震保険（地震危険担保特約など）を購入していた企業では，震災の被害額のおよそ5割強を保険でカバーできたこと，地震保険を購入していた企業のうち全損が 16.8%，半損が 17.3%，一部損が 41.6% であったことなどを明らかにしている。

同じアンケート調査を使って分析した自然災害リスク研究会 (2013) では，家計地震保険によってカバーされている零細企業の地震保険等の加入率がやや高めであるが，企業向けの地震保険でしか担保できない中堅企業になると加入率が 21.7% にとどまっていることを示している（表7-1）。一方で，保険金を受け取った企業に限れば，被害額の 53% を保険金でカバーできており，保険金が被害からの回復において大きな役割を果たしていることがわかる（表7-2）。

このように，東北大学を中心とした研究チームの活動の貢献によって，東日本大震災の被災地における保険の役割は，少しずつ明らかになりつつある。しかしながら，東日本大震災の被災地以外の地域でも，日本では大地震や噴火，大規模風水害のリスクが大きい。特に，内閣府が「南海トラフ地震防災対策推進基本計画」を定めているように，日本における巨大な地震の発生は東北地方に限ったことではなく，太平洋沿岸地方を中心に，

表 7-1 震災前の時点における地震保険等への加入状況

企業規模	加入していた	加入していなかった
零細企業	1610 (34.3%)	3082 (65.7%)
中小企業	409 (22.9%)	1378 (77.1%)
中堅企業	48 (21.7%)	173 (78.3%)
大企業	15 (28.3%)	38 (71.7%)
全体	2082 (30.8%)	4671 (69.2%)

（注）　企業規模は従業員数に応じて分類している。零細企業は従業員数1～20人，中小企業は21～100人，中堅企業は101～300人，大企業は301人以上として分類した。カッコ内の数字は企業規模別に見た加入・未加入の構成比を表す。
（出所）　自然災害リスク研究会 (2013)。

表 7-2 地震保険等による被害額の保険金カバー率

ケース分け	観測数	平均値
実際に保険金を受け取った企業	768	0.529
地震保険等に加入していた企業	875	0.464
有形固定資産に被害があった全ての企業	2932	0.127

（注）　保険金カバー率とは，地震保険等からの保険金受け取り額を有形固定資産（土地除く）に対する被害額で割った比率である。
（出所）　自然災害リスク研究会 (2013)。

大きな被害をもたらす巨大地震の発生が予想されている。したがって，全国の中小企業が自然災害にどのように備えているのかをあらかじめ知り，自然災害への備えを充実するために必要な政策的対応を検討しておくことが不可欠である。

　そこで，本章では，東日本大震災の被災地だけに関心を絞らず，全国の中小企業を対象として，東日本大震災発生前後での地震に対する備え，特に，企業の保険購入状況や耐震補強の実施などのリスクマネジメントの実施状況を，アンケート結果を用いて分析する。

3 分析に利用するデータ

3.1 企業アンケート調査の概要

　本章の分析で利用するデータは，浅井 (2015) で用いたものである。アンケート調査票は全 41 問で構成されており，対象企業は全国の製造業の中小企業（従業員数 20 人以上 299 人以下）である。調査実務は，帝国データバンクに委託し，3500 社に対してアンケート調査票を 2014 年 1 月末に送付し，2014 年 2 月末までに 909 社から回答（回答率 26.0％）を得ることができた。調査票では，大きく分けると，「回答企業および回答者の状況」「損害保険の購入，生命保険の購入，耐震補強の状況」「東日本大震災と保険の状況」「金融機関と企業の関係」の 4 つの観点からの質問を行っている。

　調査の対象を製造業のみとしたのは，非製造業について関心がないといったからではなく，製造業は，損害保険の対象になる生産設備などがイメージしやすいからである。また，中小企業のみを対象にしたのは，中小企業は，地理的なリスク分散が難しく，集中した株主構成のために企業体としてのリスク管理の重要性が高く，さらに，資金調達の制約が強いために，事前のリスクマネジメントの役割が大きいと考えたからである。

　回答企業の地域的な分布を見ると，北海道地方 35 社，東北地方 58 社，関東地方 243 社，甲信越地方 57 社，北陸地方 35 社，東海地方 124 社，近畿地方 188 社，中国地方 68 社，四国地方 30 社，九州・沖縄地方 69 社となっており，特定の地方に偏ることなく，人口や経済規模に応じて回答企業も全国に分布している（浅井 2015, 50 頁）[6]。

6　回答企業のうち，2 社は地域不明であった。

3.2 地震危険担保特約

本章で取り扱う地震保険とは，厳密には「地震危険担保特約」（地震危険補償特約，地震拡張担保特約などとも呼ばれる）への加入を意味している。一般の企業向けの火災保険においては，地震による損壊・埋没等の直接的な損害はもちろんのこと，地震によって発生した火災の損害も補償されない。地震による損害を補償するためには，火災保険だけでなく，地震危険担保特約に加入する必要がある。地震危険担保特約に加入すると，(1)地震または噴火による火災，破裂または爆発によって生じた損害，(2)地震または噴火による津波，洪水その他の水災によって生じた損害，(3)地震または噴火によって生じた損壊，埋没または流失の損害，が担保される。

地震危険担保特約では，企業向けにオーダーメイドで補償の設計がなされる[7]。住宅向け地震保険と異なり，損害査定も全損・半損・一部損といった区分に従った支払いではなく，実損害を填補する補償形態が通常である。契約者である企業は，自社の財務体力や保険調達コストなどを考慮しながら，自己負担額および支払限度額を設定したうえで契約するが，一定規模以上の企業になると，保険料負担が大きくなることから，当該企業が有している資産全額に対して地震特約の支払限度額が設定されるケースは少なく，また，地震に対する保険カバーを購入しないと判断する企業も多い。結果として，家計向けの地震保険ほどの普及には至っていない。

例えば，東日本大震災後に東日本旅客鉄道（JR東日本）が開示したところによると，同社は填補限度額710億円（免責100億円）の土木構造物保険・地震特約に加入していた[8]。700億円を超える特別損失に対して，保険金の受け取りは242億円（2013年3月期）にとどまった。さらに，東日

---

[7] 以下，本段落の記述は，自然災害リスク研究会(2013)に基づく。
[8] 2011年3月期の同社期末決算説明会資料に基づく。詳しくは，以下を参照（https://www.jreast.co.jp/investor/guide/pdf/201103guide3.pdf）。

本大震災により営業利益が 1300 億円以上落ち込んだことも踏まえると，地震保険でのカバーは実質的な被害額の一部にとどまっている。なお，同社は契約金額 2.6 億円の地震デリバティブを契約していたが，東日本大震災では要件（震源が東京駅から 70 km 以内の一定の規模以上の地震）を満たさなかったために，資金の受け取りはなかった。

　従業員数 20 人未満など，より規模の小さい中小企業では，個人宅を事務所や工場として利用していて，個人宅向けの地震保険を購入している可能性がある。個人向けの地震保険は，政府が政策的に関与・支援しており，保険料率などが公定されている。そのために，民間企業に対する「地震危険担保特約」とは性質が異なるので，同じように取り扱うことには留意が必要である。

　われわれのアンケート調査は，従業員規模 20 人以上の企業に対象を限定していたので，自宅を事務所や工場として使っている企業はあまり含まれていない。実際に，アンケートで尋ねたところ，経営者や従業員の自宅を事務所や工場として利用しているのは 3.9% にすぎなかったので，本章の結論にはこれらを含めても含めなくても大きな影響はない。

3.3　震災後の地震特約の状況

　企業向けの「地震危険担保特約」（以下では，便宜的に，「地震特約」と呼ぶ）については，政府による支援がなく，リスクをすべて保険会社が負わなければならない。そのため，東日本大震災後に，「需要は急増しているが，支払いリスクが大きすぎると慎重になったため」，「大手損保各社は震災直後の 3 月，自動車保険の地震特約と企業向け地震保険の新規引き受けをやめた」（『日本経済新聞』2011 年 6 月 3 日付）ということが一時的に生じた。

　2011 年 7 月には，企業向け地震保険の引受を「東京海上が先陣を切って 7 月から再開した」（『朝日新聞』2011 年 7 月 7 日付）が，「急増した保険希望を断り続け，（保険販売の停止が〔引用者補足〕）半年以上に及んだ社も

ある。地震関連保険を新たに求める企業は『無保険』に陥った」(『読売新聞』2012年11月13日付）というのが，東日本大震災発生直後の企業向け地震保険の状況であった。

引き受け停止に追い込まれた背景には，民間保険会社が地震リスクを転嫁してきた再保険市場の問題がある。自然災害リスク研究会 (2013) によれば，東日本大震災に伴う地震特約に関連する保険金の支払いは約6000億円であったが，そのうち，約4000億円を再保険で回収することができた。損害保険会社にとって東日本大震災の影響を再保険によって軽減することができたのであるが，その結果として，再保険会社が日本の地震リスクの引き受けをいやがるようになり，震災以降の再保険の契約更新が難航した。地震リスクを再保険できなくなってしまったために，民間保険会社は企業向けの地震特約の引き受けを停止することになったのである。

本章では，こうした現行の制度的な枠組みを前提として議論をするが，中小企業のリスクマネジメントの実施状況が低調であるという現実から，保険による自助努力を促すために何らかの政策的な対応をとることを検討するべきだと指摘しておきたい[9]。

---

[9] 「損保業界内には『個人向け地震保険と同様に国の担保を組み込むべきだ』との声もある。ただ，国の財政が逼迫する中で『これ以上の新たな支出は難しい』（金融庁）」（『日本経済新聞』2011年6月3日付）や「損保業界からは『住宅以外の地震関連保険も，国が関与する仕組みが必要だ』との声も出ているが，国に検討する動きはない」（『西日本新聞』2011年8月14日付）と報道されており，現在のところ，具体的な動きはない。

4 分析の結果

4.1 保険でのリスクへの対応

◆ リスクへの保険による対応と企業経営の関係

われわれの企業アンケート調査（以下では，「本調査」と呼ぶ）では，さまざまなリスクを例示して，それについて「どの程度を保険の購入でカバーしていますか」と尋ねている。そのうち，本章にとって関連の深いリスクへの備えの状況を示したのが表7-3である[10]。

まず，各リスクの最初の行に掲載している「全体」の数値を見てほしい。火災リスクについては，「ほぼカバーしている」企業が60%を超えており，「ある程度カバーしている」を含めれば，ほぼすべての企業が保険によって火災リスクに対応していることがわかる。風水害については，火災ほどではないが，「ほぼカバーしている」と「ある程度カバーしている」を合わせると80%を超えている。

一方で，地震リスクに関しての対応状況は，格段に低いことがわかる。すなわち，「ほぼカバーしている」企業は20%を下回っており，「ある程度カバーしている」を含めても40%強にとどまっている。地震リスクに対して，少なくとも保険での対応は必ずしも一般的ではない。ただし，厳密に考えると，現在販売されている地震特約の場合，通常は，損害額の100%を補填するものではないので，「ほぼカバーしている」については留意して回答を解釈しなければならない[11]。

表7-3の各リスクの2行目以下は，各保険加入の状況を，回答企業の経営状態別に整理した結果である。本章では，回答企業の経営状態として，

---

[10] リスクのカバーの度合いは，回答者の主観的な判断を含む可能性がある点には注意が必要である。

帝国データバンクの評点を利用した。この評点は,「企業が健全な経営活動を行っているか,支払能力があるか,安全な取引ができるか」を同社が100点満点で評価したもので,点数が高いほど経営状態が良好であることを意味している。ここでは,その評点をおおよそサンプルが5等分できるような水準で区切って,それぞれの評点カテゴリーごとに,保険の購入状況を整理することにした。便宜的に,評点の低い順に,企業層Ⅰ(評点49点以下),企業層Ⅱ(評点49点超〜52点以下),企業層Ⅲ(評点52点超〜55.5点以下),企業層Ⅳ(評点55.5点超〜60点以下),企業層Ⅴ(評点60点超)と名付けることにする。

表7-3を見ると,火災リスクに関しては,経営状況の最も良好な企業層Ⅴが,他に比べて「ほぼカバーしている」率が高い。とはいえ,同比率の最も低い企業層Ⅱでも58.2%であるし,「ある程度カバーしている」を含めると,経営状態には関係なくほぼすべての企業が保険によって火災リスクをカバーしているといえる。

風水害リスクについては,火災リスクとは異なって,「あまりカバーしていない」や「ほとんどカバーしていない」という企業の比率が1〜2割ほど存在している。「ほぼカバーしている」比率が最も高いのは企業層Ⅴであり,優良企業が積極的に保険でリスクに対応している傾向が見られる。ただし,「ある程度までカバーしている」を含めて考えれば,経営状態によって大きな差異が見られるわけではないと判断できる。

最後に,地震リスクであるが,火災リスクや風水害リスクと異なって,一見すると,「ほぼカバーしている」比率が最も高いのは企業層Ⅴではな

---

11 企業向けの地震特約では,支払限度額方式(被害額がその限度額までの場合は,免責額を除いて被害額を支払う方式)と,縮小支払い方式(被害額から免責額を除いた金額の一定割合を支払う方式)とがある。支払限度額方式の場合,免責を別にすれば,少額の被害の場合は全額をカバーできるが,被害額が支払限度額を超えれば,一部カバーとなる。

表 7-3　保険購入による各種リスクへの対応状況

		ほぼカバーしている	ある程度カバーしている	あまりカバーしていない	ほとんどカバーしていない	企業数
火災リスク	全体	**63.6%**	**33.5%**	**1.8%**	**1.1%**	889
	企業層 I	60.8%	36.0%	2.1%	1.1%	189
	企業層 II	58.2%	39.0%	1.1%	1.7%	177
	企業層 III	62.7%	34.3%	1.8%	1.2%	169
	企業層 IV	63.0%	33.9%	2.6%	0.5%	189
	企業層 V	73.9%	23.6%	1.2%	1.2%	165
風水害リスク	全体	**44.4%**	**39.2%**	**9.8%**	**6.6%**	878
	企業層 I	38.6%	45.1%	10.9%	5.4%	184
	企業層 II	38.1%	42.6%	9.7%	9.7%	176
	企業層 III	47.6%	37.5%	7.7%	7.1%	168
	企業層 IV	44.1%	38.2%	12.9%	4.8%	186
	企業層 V	54.9%	31.7%	7.3%	6.1%	164
地震リスク	全体	**17.3%**	**27.3%**	**17.6%**	**37.7%**	856
	企業層 I	18.2%	23.2%	20.4%	38.1%	181
	企業層 II	15.8%	29.8%	18.1%	36.3%	171
	企業層 III	16.0%	26.4%	17.2%	40.5%	163
	企業層 IV	19.8%	24.7%	19.2%	36.3%	182
	企業層 V	16.4%	33.3%	12.6%	37.7%	159

（注）　火事，風水害，および地震による企業財産の毀損や消失に対する保険の加入状況を尋ねている。「該当するリスクは存在しない」もしくは無回答の企業は除いている。I から V の企業層は，経営状態を示す「評点」（2014 年の調査時点で帝国データバンクから提供されたもの）の点数に基づいて回答企業をおおよそ 5 等分したものである。

い。しかし，上述した保険特約の性格から，地震リスクについては，「ある程度カバーしている」を含めて考えるのが妥当であると思われる。この 2 つの合計で比較すると，火災や風水害リスクと同様に，地震リスクに対して保険を最も活用しているのは企業層 V になる[12]。そして，火災保険に

比べると，地震リスクに関しては経営状態がより強く影響している可能性が考えられる。

さらに，そもそも，リスクが発生しても手持ちの資金や金融機関からの借入で対応できるのなら経営に大きな問題をもたらすことはない。しかし，経営状態の悪い企業では，そうした余裕が乏しいと予想される。したがって，本来は，経営状態の悪い企業ほど保険によるリスクカバー比率が高いことが期待されるはずである。それにもかかわらず，優良企業のほうがリスクに対して保険で備えている傾向が見られる。このことは，リスクが発生した場合，企業の間でダメージの大きさが二極化する可能性を示唆している。つまり，もともと経営的に脆弱だった企業が致命的なダメージを受ける可能性が強く，公共政策的な関与が必要なことを示唆している。

◆ 損害保険購入の経緯

表7-4は，保険で火災や風水害リスクを「ほぼカバーしている」企業および，地震リスクを「ほぼカバーしている」か「ある程度カバーしている」企業を対象に，保険購入の経緯を尋ねた結果を，企業評点カテゴリーに分けて示している。

いずれのリスクについても，評点の低い企業層ほど，「1. 銀行からの融資の必須条件であった」の比率が高い傾向が見られる。また，風水害リスクや地震リスクについて，評点の低い企業ほど，「7. 貴社の中（経営陣や従業員）から，必要だという意見があったため」という回答が少ない。評点の低い企業では，将来を見据えたリスク管理を十分に内部的に行うこと

12　「ほぼカバーしている」と「ある程度カバーしている」の合計比率で見て，企業層Ⅴ（49.7％）と最低の企業層Ⅰ（41.4％）の差異は統計的に見て10％水準（片側検定）でのみ有意である。しかし，企業層Ⅰでは，住宅向けの地震保険によるカバーを回答している企業が混在しており，カバー率が高めに出ていることを勘案すると，真の差異はもっと大きいと考えられる。

表7-4 保険購入の経緯（複数回答可，評点別）

		1. 銀行からの融資の必須条件であった	2. 親会社からの要請があった	3. 株主からの要請があった	4. 保険代理店から勧められた	5. 税理士・公認会計士から勧められた	6. 同業他社など知り合いから勧められた	7. 貴社の中（経営陣や従業員）から、必要だという意見があったため	回答数
火災リスク	企業層I	13.9%	12.2%	0.0%	57.4%	7.8%	6.1%	55.7%	115
	企業層II	12.6%	11.7%	1.9%	53.4%	11.7%	3.9%	55.3%	103
	企業層III	10.4%	15.1%	0.9%	37.7%	5.7%	8.5%	66.0%	106
	企業層IV	4.2%	11.8%	0.8%	39.5%	9.2%	2.5%	69.7%	119
	企業層V	4.9%	13.9%	1.6%	46.7%	9.8%	3.3%	63.9%	122
風水害リスク	企業層I	14.1%	14.1%	0.0%	57.7%	9.9%	4.2%	50.7%	71
	企業層II	14.9%	14.9%	1.5%	52.2%	10.4%	6.0%	53.7%	67
	企業層III	11.3%	15.0%	1.3%	35.0%	6.3%	10.0%	63.8%	80
	企業層IV	4.9%	11.0%	0.0%	40.2%	9.8%	2.4%	68.3%	82
	企業層V	4.4%	14.4%	2.2%	44.4%	7.8%	4.4%	65.6%	90
地震リスク	企業層I	9.3%	9.3%	0.0%	53.3%	13.3%	6.7%	49.3%	75
	企業層II	11.5%	11.5%	0.0%	50.0%	14.1%	5.1%	56.4%	78
	企業層III	10.1%	10.1%	1.4%	37.7%	8.7%	8.7%	65.2%	69
	企業層IV	2.5%	8.6%	1.2%	35.8%	13.6%	3.7%	56.8%	81
	企業層V	3.8%	12.7%	2.5%	45.6%	8.9%	5.1%	65.8%	79

（注）「その他」「わからない」の回答については，スペースの関係で省略した。火災と風水害リスクについては，保険で「ほぼカバーしている」企業を対象に計算。地震リスクについては，「ほぼカバーしている」および「ある程度カバーしている」企業を対象にしている。

が難しいのであろう。したがって，経営状態の悪い企業は，保険によるリスク対応が必要である場合でも，外部からの積極的な働きかけがないと，具体的な行動をとらない傾向があると考えられる。

　本来，メインバンクである金融機関は中小企業のリスク管理の状況に対しても親身な助言を行うことが望ましい。しかし，一方で，系列の損害保

険代理店を持つ金融機関の場合，保険を売って手数料収入を得ることに関心を持つのは自然であり，金融機関が勧めてもリスクマネジメントに関しての中立的な助言だと企業が感じない恐れもある。その点では，中小企業の顧問税理士の役割に期待したいところである[13]。

4.2 震災前のリスクマネジメントの経営状態別の状況

2014年の調査実施時点での帝国データバンクの評点を利用できたことから，その評点を震災前の経営状態の代理変数として，保険に加えて，耐震補強や事業継続計画（BCP）の策定，サプライチェーンの確認などのリスクマネジメントの震災前における実施状況別に，評点を計算してみたのが，表7-5である[14]。

まず，回答企業全体の動向を示す表7-5の「全体」の欄を見ると，「5. その他」は企業数が少ないが，評点の平均値が最も高かった。自由回答欄を見ると，「生産拠点の分散」や「移転した」といった非常に費用のかかる対応をとっている企業があることがわかる。経営状態が相当に良好でなければ，こうした根本的な対応をとることは難しいので，評点の平均値が高いのもうなずけよう。

「1. 耐震補強」についても，実際に工事費などが必要となるだけに，相対的に経営状態の良好な企業が選択していることがわかる。一方，注目すべきは，6つの回答の中で，「6. 特になし」という企業の評点が最も低いことである。つまり，保険以外の方法を含めて考えても，経営状態が相対的に悪い企業が事前の対応をまったくしていない傾向があるということで

---

[13] 金融機関と顧問税理士などの専門家の協働の重要性については，家森 (2016) を参照。

[14] そもそも2013年に調査を実施しているので，大震災の影響を生き抜いてきた企業のみの状況しかわからない点に留意が必要である。つまり，準備不足で倒産してしまった企業の状況はわからないので，（準備をしていない企業に対する）震災のダメージを過小に評価している可能性がある。

表 7-5　東日本大震災前の経営状態別のリスクマネジメントの実施状況

	全体		経営状態別				
	評点	該当企業数	企業層 I	企業層 II	企業層 III	企業層 IV	企業層 V
1．(事務所，店舗，工場などの) 耐震補強	56.0	66	4.7%	7.2%	7.0%	6.1%	12.0%
2．(事務所，店舗，工場などの) 地震保険の購入	54.5	134	14.6%	10.6%	15.8%	15.3%	18.1%
3．事業継続計画 (BCP) の策定	54.7	82	6.8%	10.0%	8.2%	11.2%	9.0%
4．サプライチェーンの確認	55.4	46	3.6%	4.4%	5.3%	5.6%	6.6%
5．その他	58.3	8	0.0%	0.0%	0.6%	3.1%	0.6%
6．特になし	53.9	607	71.9%	72.8%	66.1%	63.8%	60.2%
企業数	54.2	905	192	180	171	196	166

（注）「全体」の欄は，それぞれのリスクマネジメントを実施していると回答した企業（複数回答可）について，帝国データバンクの「評点」の平均値を計算したものである。「経営状態別」の欄は，評点に基づく企業層 I～V について，それぞれの企業層でリスクマネジメントとして 1～6 の選択肢が選ばれている比率を示している。

ある。本来，経営状態の悪い企業はショックに対して脆弱であり，そうでない企業よりもショックに備えておくことが強く求められるが，必ずしもそういった対応がとられていないことになる。

表 7-5 の右側は，上述したように経営状態を示す評点に基づいて回答企業を 5 つに分割して，それぞれの評点カテゴリーごとにリスクマネジメントの実施状況を整理してみたものである。経営状態の悪い企業層 I や II では，「特になし」の比率が 70% を超えているが，経営状態の良好な企業層 V では「特になし」の比率が 60% ほどにとどまっており，経営状態によって対応状況に大きな差異があることが確認できる。

1～4 の具体的な項目別に見ると，「3．事業継続計画の策定」を除くと，いずれも企業層 V の選択率が最高値となっている。特に，「1．耐震補強」に関しては，企業層 V と企業層 I を比較すると，1% 水準（片側検定）で有意な差異が確認できる。

4.3 東日本大震災のリスクマネジメント行動への影響

本調査では,「東日本大震災以後に,新たに行った地震リスクに対するリスクマネジメント」として,「1.（事務所,店舗,工場などの）耐震補強」「2.（事務所,店舗,工場などの）地震保険の購入」「3. 事業継続計画（BCP）の策定」「4. サプライチェーンの確認」「5. その他」「6. 特になし」の6つの選択肢の中から選んでもらった。

しかし,回答結果を子細に見ると,「大震災以後に,新たに」という質問の意図が十分に伝わっていないように見受けられ,相当数の企業が「震災前」の対応として選択している選択肢を引き続き回答している。例えば,この質問で「耐震補強」を回答したのは66社であったが,このうち23社は,「震災前」にも「耐震補強」を選んでいた。たしかに,ある施設についてすでに耐震補強を行っていたが,さらに別の施設について耐震補強を行った場合や耐震のレベルを高めている場合もありうるので,一概に勘違いだと決めつけることはできない。ただ,残りの43社については,「大震災以後に,新たに」「耐震補強」を行ったといえることは間違いがないので,明確に「新たに」対応したサンプルだけを取り出して特徴を見ておくことは意味があるであろう。

そこで,それぞれのリスクマネジメントについて,「震災前から対応」「震災後に新たに対応」「未対応」の3つのカテゴリーに分けて,経営状態の観点で整理することにした[15]。

表7-6は,各リスクマネジメントの実施状況の変化別に,帝国データバンクの評点の平均値を使って,企業の経営状態を示したものである。

---

[15] 厳密にいえば,震災後に,従来実施していたリスクマネジメントを取りやめる可能性があるが,本質問ではそれについて把握できないことと,大震災の後にリスクマネジメントを後退させるとは考えにくいことから,取りやめた可能性は考慮しない。

表 7-6　東日本大震災後のリスクマネジメントの実施状況別の平均評点

		評点	度数
耐震補強	震災前から対応	56.0	66
	震災後に新たに対応	54.6	43
	未対応	54.0	796
地震保険	震災前から対応	54.5	134
	震災後に新たに対応	55.1	51
	未対応	54.1	720
BCP	震災前から対応	54.7	82
	震災後に新たに対応	55.4	109
	未対応	54.0	714
サプライチェーン	震災前から対応	55.4	46
	震災後に新たに対応	55.7	59
	未対応	54.0	800

「震災後に新たに対応」と「未対応」を比較すると，4つの対処のいずれでも，「震災後に新たに対応」した企業のほうが評点は高い。特に，「サプライチェーンの確認」や「BCPの策定」では，両者の評点に相当の差が見られる。この2つのリスクマネジメント手法については，経営状態の良好な企業が積極的に対応していることがうかがえる[16]。

表7-7は，震災前には当該対策を実施していなかった企業のみを対象にして，震災後に「新たに」当該対策を実施した企業の比率を，経営状態別に計算したものである。例えば，経営状態の最も悪い企業層Ⅰではこれらの手法の新規採用率が2.7〜8.4％であるのに対して，経営状態の最も良好な企業層Ⅴでは4.1〜15.2％となっている。つまり，評点の低いカテ

---

[16] ただし，本章で利用している評点はアンケート調査時点で利用可能なものであり，こうした高いレベルのリスク管理を（震災以降に）行っていることが評点を高めている可能性があることに留意しておかねばならない。

表7-7 東日本大震災後にリスクマネジメントを新たに実施した企業（経営状態別）

	企業層 I	企業層 II	企業層 III	企業層 IV	企業層 V
1. （事務所，店舗，工場などの）耐震補強	2.7%	5.4%	6.9%	6.5%	4.1%
2. （事務所，店舗，工場などの）地震保険の購入	4.9%	6.8%	6.3%	6.0%	9.6%
3. 事業継続計画（BCP）の策定	8.4%	14.8%	11.5%	16.7%	15.2%
4. サプライチェーンの確認	3.2%	7.0%	8.6%	7.6%	8.4%
該当企業数	183	167	159	184	146

（注）震災前には当該対策を実施していない企業を母数にして，震災後に「新たに」当該対策を実施した企業の比率（複数回答可）を示したもの。

ゴリーに属する企業では，「新たに」対応する比率が低いことがわかる。

以上をまとめると，経営状態の悪い企業ほど事前の対応を行っていなかった。そして，震災後に新たに対応を始めた企業も多いが，経営状態の悪い企業ほど震災後も対策を実施しない傾向があるといえる。

4.4 事前の対策と震災の企業業績への影響

本調査では，「東日本大震災によって，貴社はどのような影響を受けましたか」と尋ねて，「1. 赤字が拡大した」「2. 黒字から赤字になった」「3. （赤字，黒字でも）ほとんど影響がなかった」「4. 赤字から黒字になった」「5. 黒字が拡大した」，の5つから1つを選択してもらった。このうち，ここでは「1. 赤字が拡大した」と「2. 黒字から赤字になった」を選んだ企業を業績悪化企業であるとして，全体に占める業績悪化企業の比率（業績悪化比率）に注目した。全体では，有効な回答のあった870社のうち，57社（6.6%）が「1. 赤字が拡大した」と回答し，77社（8.9%）が「2. 黒字から赤字になった」と回答している。

ここでは，事前の対策の効果を見るために，自社資産への直接的な損害の有無で区分したうえで，東日本大震災の業績への影響を企業評点カテゴ

表 7-8　経営状態と震災後の企業業績の悪化

		企業層 I	企業層 II	企業層 III	企業層 IV	企業層 V
直接損害なし	業績悪化比率	22.9%	12.0%	11.4%	9.6%	5.6%
	該当企業数	166	150	140	157	142
直接損害あり	業績悪化比率	64.7%	48.0%	37.5%	16.7%	10.5%
	該当企業数	17	25	24	30	19

リー別に検討することにした。業績への影響としては，業績悪化企業の比率を使っている。

　表7-8を見ると，当然ながら，直接損害が「ある」か「ない」かで比較すれば，「直接損害あり」の企業のほうが業績悪化比率は高い。しかし，重要なのは，次の2点である。

　第1に，評点の低い企業ほど，震災以降の時期の業績悪化の比率が高いことである。例えば，「直接損害あり」の場合で見ると，企業層Iと企業層Vの間で業績悪化比率は50%ポイント以上の差異がある。同じように被害を受けても，業績悪化の度合いに差異が見られるのは，事前の準備状況が影響しているものと考えられる。「直接損害なし」の場合でも，両者の差異は17%ポイントほど小さくなるが，やはり企業層Iでの経営状態の悪化が顕著である。

　第2に，評点の低い企業ほど直接被害の「あり」「なし」の違いによって業績悪化比率に大きな差異が見られることである。例えば，経営状態の最も悪い企業層Iでは，「直接損害なし」での業績悪化比率は22.9%であるのに対して，「直接損害あり」企業では64.7%の高い比率となっており，両者には40%ポイント以上の差異がある。一方で，経営状態の最も良好な企業層Vでは，この両者の差異は5%ポイントに満たない。これは，評点の高い企業では，直接損害が発生しても，リスクマネジメントがしっかりと機能しており，ダメージを最低限度に抑え込むことができているのに対して，評点の低い企業では事前のリスクマネジメントが不十分であるた

めに，ダメージを抑え切れていないからだと考えられる[17]。いわば，そうした企業は「運を天に任せた」経営を行っているのである。わが国の中小企業において，経営状態の悪い企業ほどきちんとした経営計画が立てられていないことがしばしば指摘されているが，リスク管理という観点でも同様の課題があることになる[18]。

5 おわりに

本章は，2014年1月から2月に実施した中小企業の保険・リスクマネジメントに関するアンケートデータを用いて，リスクマネジメントの実施状況とその効果などを検証した。

本章の分析結果からは，経営状態が悪い企業ほど，リスクマネジメントを実施していないことが明らかになった。さらに，経営状態が悪い企業ほど，東日本大震災以降，新たにリスクマネジメントを実施していないことが明らかになった。

一方，震災後に新たに地震に対する対応をしている企業は少なくなかった。保険需要に関する研究では，自然災害には「呼び覚まし効果」（wake-up effect）があるといわれることがある[19]。つまり，大きな自然災害を経

---

[17] ここでも，われわれの使った評点は震災後のものであるために，表7-8は厳密な因果性を示していないことに注意しなければならない。震災前の経営指標を使った分析が必要である。

[18] 例えば，家森・津布久 (2015) で実施したアンケート調査の結果に基づくと，2期連続黒字企業では「経営計画がない」比率は17.1%であるのに対して，2期連続赤字企業での同比率は23.5%であった。一方，企業規模別に見ると，従業員10人以下規模企業では同比率は30.6%であり，51人以上規模企業の9.5%とは大きな差異がある。

[19] Yamori and Kobayashi (2002) および Shelor et al. (1992) などを参照。

験して，リスクを改めて認知して，保険に加入する人が増えるという効果である。逆にいえば，大規模災害が起こるまで人々はリスクに備えた十分な準備を行わない傾向があるということになり，本章の結果とも符合している。

　そこで，震災が起こってから慌てなくてもよいように，中小企業のリスク認識を高めるための啓蒙の重要性が示唆される。震災直後は多くの企業が対応策をとっているものの，「喉元過ぎれば熱さを忘れる」のことわざのように，大きな災害であってもそれに備えることの重要性をやがて忘れてしまいがちなので，持続的なリスク認識啓蒙の重要性を強調しておくべきであろう。

　経営状態が悪く，資金が調達しにくい信用リスクが高い企業も，地震特約の保険料は，信用リスクとは関係がない。すなわち，地震保険の保険料は，立地，建物の構造といった要因に影響されるものであるため，信用リスクが高い企業も，保険料が高いため，地震特約を購入しにくいということは発生しないはずである。つまり，経営状態の悪い企業には，保険を購入する余裕がないという点を除けば，地震特約の購入は，相対的に安い資金調達の手段であるともいえる。

　政策的に重要な課題になるのは，経営状態の悪い企業ほど，リスクに対する備えが手薄だという点である。大きな自然災害が発生すると，もともと経営状態の悪い企業では事前の準備が不十分なために，痛手が非常に大きくなってしまうのである。もちろん，耐震補強や地震保険の加入にはコストがかかるが，中小企業の経営者が十分な判断ができないままリスクマネジメントの実施を先送りしている可能性がある。

　こうしたことから，取引先企業のリスクマネジメントに関して金融機関や外部の専門家が積極的に助言をすることが期待されている。実際，多くの金融機関で取り組みが進んでいる。例えば，広島銀行は2016年1月に，中小企業の防災対策や，被災後の早期復旧プランなどを準備しておく事業継続計画（BCP）の策定を支援するローンの取り扱いを始めた（『中国新

聞』2016年1月13日付)。この商品は，工場の移転や耐震補強といった対策資金に限らず，運転資金にも使える。金利の優遇はないが，避難計画の策定や資金手当てなどの診断に加え，主要拠点の地震，水害リスクの評価が無料で受けられる。BCP の策定や見直しを希望する企業には無料で策定支援の手引を提供したり，損保会社の有料相談を仲介したりする。さらに，資本金3億円以上で一定の条件を満たす企業には，BCP で想定した災害が発生した際に備え，復旧に必要な資金のための融資枠を設定するコミットメントライン契約も用意している。

　ノウハウや人材の乏しい中小企業への支援は金融機関の非常に重要な役割である。ただし，金融機関からの提案が「保険」を売ることや「貸出」(例えば，耐震補強のための)を増やすこと自体を目的としていては，中小企業にとっての最適なリスク管理とはならないことに注意が必要である。こうした弊害を招かないためには，中小企業の経営者は，銀行以外の専門家(顧問税理士が有力な選択肢)の意見も聞きながら，自社のリスク管理を主体的に構築する姿勢が求められる。また，税理士等の専門家も，こうした分野での助言ができる能力を高めていくことが望まれている。

　耐震補強などについてのノウハウや人材が乏しい点を支援して，中小企業のリスクへの対応を強化しておかなければ，将来の大きな自然災害において復旧は厳しくなるであろう。また，東日本大震災の発生後に，企業向けの地震特約の引受が停止したことに象徴されるように，政府支援のある家計地震保険と比べて，企業向け地震保険は民間ベースの商品となっている。こうした企業向け地震保険についての加入を促すうえで，公的関与のあり方についても今後，検討する必要があろう。また，耐震補強や事業継続計画の策定などに対して助成金や税制上の優遇策などを検討すべきであろう[20]。

参考文献

浅井義裕 (2015)「中小企業の保険需要とリスクマネジメント──アンケート調査の集計結果」『明大商学論叢』97(4)：597-634 頁。

内田浩史・植杉威一郎・小野有人・細野薫・宮川大介 (2015)「被災地企業の資金調達」東北大学大学院経済学研究科地域産業復興調査研究プロジェクト編 (2015) 所収。

郡司大志・齊藤誠・宮崎憲治 (2015)「東日本大震災の家計消費への影響について──恒常所得仮説再訪」齊藤誠編 (2015) 所収。

齊藤誠編 (2015)『震災と経済』(大震災に学ぶ社会科学 第 4 巻) 東洋経済新報社。

自然災害リスク研究会 (2013)『自然災害リスク研究会中間報告書』プライスウォーターハウスクーパース総合研究所。

東北大学大学院経済学研究科地域産業復興調査研究プロジェクト編 (2012)『東日本大震災復興研究Ⅰ　東日本大震災からの地域経済復興への提言』河北新報出版センター。

東北大学大学院経済学研究科地域産業復興調査研究プロジェクト編 (2013)『東日本大震災復興研究Ⅱ　東北地域の産業・社会の復興と再生への提言』河北新報出版センター。

東北大学大学院経済学研究科地域産業復興調査研究プロジェクト編 (2014)『東日本大震災復興研究Ⅲ　震災復興政策の検証と新産業創出への提言』河北新報出版センター。

東北大学大学院経済学研究科地域産業復興調査研究プロジェクト編 (2015)『東日本大震災復興研究Ⅳ　新しいフェーズを迎える東北復興への提

---

[20] 例えば，トヨタ自動車副社長の佐々木眞一氏は，内閣府・第 5 回ナショナル・レジリエンス（防災・減災）懇談会（2013 年 5 月開催）において，中小企業への支援拡充として，⑴BCP 実行に伴う投資への支援拡充（助成金，税制優遇），⑵被災時の資金繰り支援拡充，を提言している。

言』南北社。

西山慎一・増田聡・大澤理沙 (2013)「被災地企業の基本情報と被災状況」東北大学大学院経済学研究科地域産業復興調査研究プロジェクト編 (2013) 所収。

西山慎一・増田聡・大澤理沙 (2014)「被災地企業の復興状況——2013 年度アンケート調査概要と復興の全体像」東北大学大学院経済学研究科地域産業復興調査研究プロジェクト編 (2014) 所収。

西山慎一・増田聡・大澤理沙 (2015)「東日本大震災被災地企業の復興状況——2014 年度震災復興企業実態調査の概要と復興の全体像」東北大学大学院経済学研究科地域産業復興調査研究プロジェクト編 (2015) 所収。

森口千晶・阿部修人・稲倉典子 (2015)「東日本大震災が消費支出と物価に与えた短期的影響——高頻度データによる実証分析」齊藤誠編 (2015) 所収。

家森信善 (2016)「金融機関と専門家の協働の重要性とその課題」名古屋中小企業支援研究会・日本公認会計士協会東海会・全国倒産処理弁護士ネットワーク中部地区編『中小企業再生・支援の新たなスキーム——金融機関と会計・法律専門家の効果的な協働を目指して』中央経済社,所収。

家森信善・岡田太志・小林毅 (2009)「大規模災害に備えた安心社会を実現するための保険制度の基礎研究」『損害保険研究』71(2)：43-82 頁。

家森信善・津布久将史 (2015)「リーマンショック後の地方自治体と金融機関の企業支援——地方の中小製造業企業からみた評価と課題」『経済経営研究：年報 2014』64：1-72 頁。

Shelor, R. M., D. C. Anderson, and M. L. Cross (1992) "Gaining From Loss: Property-Liability Insurer Stock Values in the Aftermath of the 1989 California Earthquake," *Journal of Risk and Insurance*, 59(3): 476-488.

Yamori, N. and T. Kobayashi (2002) "Do Japanese Insurers Benefit from a Catastrophic Event? Market Reactions to the 1995 Hanshin-Awaji Earthquake," *Journal of Japanese and International Economies*, 16 (1): 92-108.

Yamori, N., T. Okada, and T. Kobayashi (2009) "Preparing for Large Natural Catastrophes: The Current State and Challenges of Earthquake insurance in Japan," *International Review of Business*, 10: 1-22.

第8章

南海トラフ地震と個人の対応

住宅の賃貸行動を通して

内藤　徹

1　はじめに
2　分析の準備
3　南海トラフ地震のリスク推定
4　推定結果の考察
5　おわりに

1 はじめに

2011年3月11日，三陸沖を震源とするマグニチュード9の巨大地震が東北地方を襲った。東日本大震災と呼ばれるこの巨大地震が，わが国にとって未曾有のショックであったことはいうまでもない。警察庁のホームページによると2011年時点で東日本大震災による死者・行方不明者は，それぞれ1万5890人と2590人，また直接死以外の死者数，すなわち震災関連死の死者数も2015年現在で3407人に上っており，物的な被害はもとより人的被害も甚大なものになった。

このような巨大災害によるショックは，居住行動，企業立地，経済活動，地方財政など多方面にわたって大きな影響を与える。しかし，そうしたショックに対する意識は復興の進展や時間の経緯に伴ってしばしば減衰しがちである。例えば，東日本大震災以前にも明治三陸地震（1896年）や昭和三陸地震（1933年）など東日本大震災と同様の巨大災害が発生している。前者は2万人以上の死者・行方不明者を出しており，後者でも死者・行方不明者の数は3000人を超えている。それにもかかわらず，一時的には災害リスクが低い地域への移転があったものの，徐々に災害のリスクよりも生活の利便性などが優先され再び災害リスクが高い地域や地区への集積が発生した。

過去の巨大な自然災害直後と同様に，東日本大震災は被災地域の人口動態に影響を与えた。主要な被災地となった東北地方では，その人口の減少は顕著で，震災前後の2010年と2015年で東北6県の太平洋側の県である岩手，宮城，福島の3県いずれも人口が10%減少した地域を複数抱えている[1]。こうした人口の減少は，労働力の減少や生産性の低下を招くであろうし，地方自治体の財政状況にも影響を及ぼすことが予想される。また，東日本大震災による影響が甚大だったことから，被害を直接的に受けていない地域であっても，将来的に被災が予想される地域では災害リスクを加

味した施策が必要であるという認識が広まっている。

　しかしながら，家計や企業がこのようなリスク，本章の文脈でいうところの災害リスクをどのように捉えるかについては時間の経過などいくつかの要因に依存する。先に述べたように，東北地方を襲った2つの巨大災害後，住民の災害リスクに対する評価は時間の経過とともに減衰し，東日本大震災で再度大きな被害をもたらした。また防災対策を過信することに伴ってリスク評価が過小となり，結果として被害を拡大するケースもある。例えば，岩手県宮古市田老町では昭和三陸地震の後，10 m に及ぶ防潮堤を建設し，さらにそれがチリ沖地震（1960 年）の津波被害を防いだことで，防災インフラへの過度の信頼が震災リスクの過小評価を招き，居住地区・商業地区は震災リスクが高いとされる海岸に接近した地域に集積した。しかしながら，2011 年の東日本大震災で発生した津波はこの防潮堤を破壊し，その内側に位置していた地区は壊滅的なダメージを被った。

　こうした経験に鑑みるならば，将来発生することが予測される災害についても，家計，企業，政府といった主体がどの程度この災害リスクを自らの行動にどの程度反映させているかを明らかにし，定量化した情報を提供することはリスクに対する評価を減衰させないためにも重要である。

　そこで本章では，震災という大きなショックが生じる可能性を読み込んだ家計が，その住居選択行動を通じて，どの程度，ショックに付随するリスクを事前に読み込んでいるのかを定量的に明らかにする[2]。住居選択は持ち家住宅と賃貸住宅によってその様相は異なることが予想されるが，最初に，持ち家住宅の選択について東日本大震災前後の建築確認申請がどの

---

[1] 2010 年「国勢調査」および 2015 年「国勢調査」より。ただし，2015 年のデータについては速報値を使用している。岩手県（大槌町 23.2％，陸前高田市 15.2％），宮城県（南三陸町 29.0％，女川町 37.0％），福島県（浪江町 11.5％，双葉町 11.5％）と沿岸部に人口減少率が大きい市町村が目立つ。

[2] 本章は Naito (2015a, b) をもとにしている。

地域で増減したのかを調べることによって，人々の行動変化を捉える。賃貸住宅の選択については，賃貸住宅の価格情報をもとに，家計の地震に対するリスク評価が家賃にどのように反映されているのかを明らかにする。本章では，持ち家住宅と賃貸住宅に関する考察を通じて，人々の災害リスクに対する認識を捉えてみたい。

2 分析の準備

2.1 対象地域

本章では，東日本大震災発生後，将来発生が予想される南海トラフ地震に対して家計がどのように震災リスクを評価しているかについて，徳島県，特に東部都市計画区域に含まれる市町とその南部に位置する阿南市のデータを用いて検証する。徳島県を研究の対象地域に選んだ理由として，徳島県では，1946 年に昭和南海地震による甚大な被害が発生したが，発生後 70 年が経過し，新たな地震「南海トラフ地震」の発生が予想されていることが挙げられる。2012 年の中央防災会議・防災対策推進検討会議「南海トラフ巨大地震対策検討ワーキンググループ」においては，今後 30 年以内に南海地震が 60% 程度，東南海地震について 70% 程度の確率で発生すると予想されている[3]。南海トラフ地震あるいは東南海地震の被害は東日本大震災の被害を凌駕するともいわれており，南海トラフ地震あるいは東南海地震が発生した場合，地震そのものによる被害と地震に伴って発生する津波による被害もまた甚大であることが予想されている。具体的な例

---

[3] 内閣府，防災情報のページ「南海トラフ巨大地震対策について（中間報告）」(http://www.bousai.go.jp/jishin/nankai/taisaku_wg/pdf/20120719_chuukan.pdf)。

を挙げると徳島県美波町では，最大震度は震度7と予想され，最大24 mの津波がおよそ10分以内で沿岸部に到達することが予想されており，東日本大震災において最大波の津波が地震発生から最も早く到達した地域（大船渡市）までの到達時間が35分であったことに鑑みるならば，美波町が直面している津波の到達時間は，ほぼ避難することが困難な時間であり，実質的に有効な手段は津波が到達しない地区への高台移転のみということになる。しかしながら，現実問題として高台移転には莫大な費用および時間を要するため，必ずしも容易であるとはいえない。

また，既述したように，巨大な防潮堤などの各種の防災インフラが東日本大震災においては無力であったことなどを考慮するともはや完璧な防災は実行不可能であり，事前的減災を考慮することが必要となる。減災は防災と異なり，自然災害による被害を前提としその被害を可能な限り抑えようとするものである。こうした状況を踏まえ，2011年3月の東日本大震災後，次に発生が予想される南海トラフ地震に対する各自治体の防災・減災対策は大幅に見直しが図られた。

徳島県も例に漏れることなく従来の南海トラフ地震に対する被害想定の見直しを行い，2013年7月に徳島県庁危機管理部は，南海トラフ巨大地震の発生に伴う「人的・建物被害」を，市町村別に被害想定（第一次）として作成した[4]。最も甚大な被害を受けることと想定した場合，家屋の全壊棟数は11万6400棟，死者数が3万1300人に達するとして，従前の被害想定を大幅に引き上げている。

2.2 基礎データ

前節で言及した，南海トラフ地震のリスクが家計の居住行動にどのような影響を与えているかについて分析を行う前に，その分析のための基礎デ

---

4 徳島県庁危機管理部ホームページ：「徳島県南海トラフ巨大地震被害想定（第一次）」(http://anshin.pref.tokushima.jp/docs/2013071900016/)。

図8-1 南海トラフ地震による徳島県東部の予想浸水深

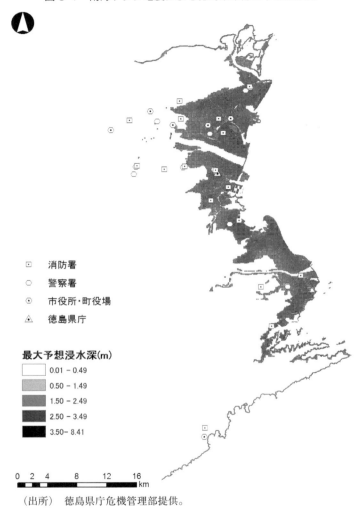

(出所) 徳島県庁危機管理部提供。

ータについて見ておくことにする。図8-1は徳島県庁危機管理部が2013年に公開した南海トラフ地震による浸水予想図である。紀伊水道に面する徳島県東部都市計画区域（鳴門市，徳島市，小松島市，阿南市，北島町，松

第 8 章　南海トラフ地震と個人の対応　197

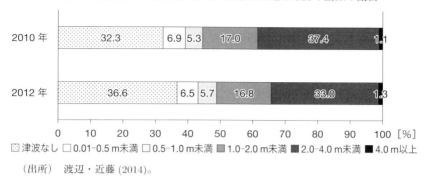

図 8-2　徳島県東部都市計画区域の浸水深と建築確認申請数の割合

(出所)　渡辺・近藤 (2014)。

茂町)，美波町，海陽町の沿岸部は軒並み 3 m 以上の浸水が予想されている。また，津波による浸水は沿岸部から最長 10 km にまで達していることがわかる。この図 8-1 において予想浸水深で塗られた広範なエリアは何らかの震災リスクに直面していることになる。そして，このように東日本大震災後に見直された浸水予想図は広く一般に公開されていることから，当該地域における居住を考えている人々の行動に影響を与えていることが予想される。

2.3　建築確認申請件数から見る立地行動の変化

最初に新規の建築確認申請数を概観し震災リスクによる影響が申請数に与える影響について見ていくことにする。渡辺・近藤 (2014) では，建築確認申請の情報を用いて浸水リスクが徳島県の建築行動にどのような影響を与えているかについて分析を行っている。特に東日本大震災の前後で家計の建築行動がどのように変化したかを確認するため，2010 年と 2012 年の徳島県東部都市計画区域に位置する市町村の建築確認申請数について比較を行っている。図 8-2 はそれぞれの物件の予想浸水深，図 8-3 は海岸線からの距離を集計して比較したものである。

渡辺・近藤 (2014) によると，予想浸水深が「津波なし」の地域におけ

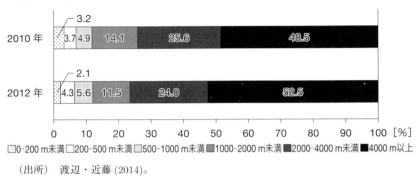

図8-3 徳島県東部都市計画区域の海岸線からの距離と建築確認申請数の割合

（出所）渡辺・近藤（2014）。

る建築確認申請件数が全体に占める割合は2010年と比較して2012年では，4.3％ポイント上昇している。また予想浸水深が「2.0-4.0 m未満」の地域が全体の建築確認申請数に占める割合は，2010年と比較し2012年では4.4％ポイント減少している。予想浸水深「0.5-1.0 m未満」「1.0-2.0 m未満」「4.0 m以上」の割合は微増にとどまっているが，予想浸水深が2 m未満の地域における建築確認申請の占める割合は2010年よりも2012年のほうが多くなっている。通常，2 m以上の津波を受けた場合，木造住宅は全壊するといわれているが，徳島県東部都市計画区域に属する主要な地域，鳴門市，徳島市，小松島市，松茂町の沿岸区域の市街化区域のほぼすべてが予想浸水域に入るのにもかかわらず，予想浸水深が2 m以上の地域に相対的人口が集中している。このことは，震災リスクが存在するにもかかわらず日常生活の利便性などが優れている地域において，住宅立地を考慮する際に津波浸水リスクよりも利便性を重視していること，建築確認申請件数の大幅な減少にはなっていないことに影響しているものと思われる。

図8-3を見ると，海岸線から4000 m以上離れている地域における建築確認申請件数の割合は増加しているが，海岸線からの距離が4000 m未満の地域ではいずれもその割合が減少していることがわかる。いうまでもなく，海岸線から離れているほど，津波の到達時間が遅くなるため津波によ

る損害を被るリスクは軽減されるため，東日本大震災後，徳島県東部都市計画区域内の建築確認申請数の変化から見る家計の立地行動は，南海トラフ地震のリスクがより考慮されていることがわかる．

2.4 家賃関数からの推定

前項では，南海トラフ地震に起因する津波による浸水リスクが建築確認申請件数にどのような影響を与えているのかを明らかにするため，東日本大震災前後で建築確認申請件数を比較した．建築確認申請件数はいわば持ち家に関する家計の行動を捉えることは可能であるが，建築確認申請件数の増減だけでは，南海トラフ地震による津波リスクを金銭的に評価することは不可能であり，そのリスクを評価するためには，ヘドニック・アプローチをはじめとする別の手法が必要である．実際にこのような災害のリスクを金銭的に評価しようとする研究も複数存在する．例えば，Nakagawa et al. (2009) は，1998 年に東京都が公開した震災マップのデータを利用し，公示地価を地価データとして用いて，家計並びに企業のリスク回避度を地価関数の推定から解明する試みを行っている[5]．彼らはその分析の中で，1980 年代以降，一貫して首都圏において震災リスクが高い地域の地価は低い地域のそれと比較して割り引かれており，その傾向は 1980 年代よりも 1990 年代のほうが大きいことを明らかにしている．

本章の分析対象である徳島県東部都市計画区域においても Nakagawa et al. (2009) と同様の手法で公示地価を利用して分析することで，徳島県東部都市計画区域における津波によるリスクを金銭的に評価することが可能である．しかしながら，都市計画区域 7 市 7 町の公示地価は 127 か所しか

---

[5] 地価関数は被説明変数として地価を用いるため，主に家を建築する家計（持ち家家計）の土地の評価を表す．経済学的には一般的にストック変数として扱われる．これに対し，家賃関数は居住空間に対する借家人の評価を表す．地価がストックとして捉えられるのに対し，通常，賃貸物件はフローとして捉えられる．

設定されておらず，公示地価を用いた地価関数の推定は，観測数の制限により困難である[6]。また，先に述べたように建築確認申請件数あるいは公示地価は持ち家の家計の災害リスクを把握することができるものの，賃貸住宅の居住者，すなわち借家人の災害リスクに対する把握をすることはできない。そこで，借家人の災害リスクに対する金銭的な評価を行うため，既存研究でしばしば用いられてきた公示地価などの地価データではなく，賃貸物件の家賃を用いて災害リスクを利用して計測する。もちろん災害リスクの金銭的評価を家賃関数の推定から捉えようとする試みも，地価関数を用いてそれを計測しようとする試みと同様，複数の既存研究によって行われている。Beron et al. (1997) は，1989年にサンフランシスコで発生したマグニチュード7.1の地震（ロマ・プリータ地震）前後の賃貸住宅市場を比較し，ロマ・プリータ地震の直後，震災のリスクが家賃に過大に上乗せされていたことを示し，この過大なリスクの認識は，リスクに関する情報の不完全性がもたらした可能性があることを示唆している。家賃関数の推定に際して，家計が震災リスクを過大もしくは過小に見積もっている可能性はあるものの，Beron et al. (1997) の研究では，実際にロマ・プリータ地震を経験した借家人が，その後，賃貸物件の選択の際に震災リスクを何らかの形で考慮していることが明らかにされている。日本のデータについても，Nakagawa et al. (2007) が，首都圏の賃貸物件情報やハザードマップをもとに家賃関数の推定を行い，そのリスクの金銭的評価を試みている。Nakagawa et al. (2007) では，1998年に公表された首都圏の防災マップを用い，首都圏の地震に対する家計のリスク回避の程度を賃貸住宅価格から

---

6 徳島県内において標準地が設定されている市町は7市7町（徳島市，鳴門市，小松島市，阿南市，吉野川市，美馬市，三好市，石井町，牟岐町，美波町，松茂町，北島町，藍住町，つるぎ町）であり，内訳では住宅値が95地点，商業地が27地点，工業地が5地点の計127地点である。このうち，美馬市，三好市，牟岐町，美波町，藍住町，つるぎ町は徳島東部都市計画区域に含まれていないため，地価関数の推定に必要とされる十分な観測数を得ることができない。

推定している。彼らはその分析において，家賃関数は震災リスクの高低や建築基準法の改正前の建築物か否か（耐久性）を反映しており，震災リスクが高いと予測される地域の賃貸物件の価格はそうでない地域のものよりも低く，建築基準法の改正前の構造物に対しても，同様に低い評価がなされていることを明らかにしている。

先に述べたように，持ち家ではなく賃貸住宅を対象に，借家人が地震の居住地点を決定する際にどの程度南海トラフ地震のリスクを考慮しているのかを測る際には，単純に公示地価などの地価データを用いて分析することはできない。そこで，次節では徳島県東部都市計画区域内にある賃貸物件データを利用することでこの区域の家賃関数を推定し，南海トラフ地震によるリスクが家賃に与える要因を検討する。

3 南海トラフ地震のリスク推定

本節では，南海トラフ地震に対するリスクを家計がどのように捉えているのかを家賃関数を推定することで検討する。家賃関数から震災などのリスクを評価する際，単純に2つの異なる予想浸水深の賃貸物件の家賃を比較して，その差額をリスクの金銭評価と見なすことはできない。なぜならば，その家賃の差が南海トラフ地震に対する震災リスクであるのか，その他の要因の差によるものなのかを区別することができないためである。そもそも，賃貸物件のみならず土地についてもそれらが持つ属性はさまざまであり，まったく同条件の賃貸物件は存在しない。賃貸物件の家賃は災害リスクだけではなく物件そのものの特性（広さ，形状，機能）や近隣の環境（駅やバス停からの近接性など）に依存して決定されるため，ある特性が同一であっても他の特性が異なれば，家賃や地価は異なるであろう。例えば，同じ床面積を持つ賃貸住宅であっても形状や向き，階数が異なれば家賃も異なるであろうし，これらがすべて同一であると仮定しても，その物

件の最寄り駅やバス停からの距離が異なればやはり家賃は必ずしも同一になるとは限らない。また震災で発生する津波のリスクを予想浸水深だけで測ることはできない。例えば，同じ予想浸水深である物件であっても，海岸からの距離が異なればそのリスクも異なるであろうし，近くに津波タワーと呼ばれる緊急一時避難先があれば，海岸からの距離が近くてもその避難先が遠い物件よりもリスクが低くなるかもしれない。これらのことに鑑みると，震災のリスクが家賃関数にどのように反映されているかについては個々の物件の特性を十分に加味し慎重に分析しなければならない。

本節では，ヘドニック・アプローチを利用してどの震災のリスク要因が家賃関数にどの程度反映されているかを計測する。以下では，本節の分析で使用するデータの概略を説明しよう。

家賃，住所，広さ，築年数，構造情報に関するデータについては，株式会社 CHINTAI の賃貸物件情報ページより収集した[7]。次に南海トラフ地震に伴う津波のリスクについては，海岸線からの直線距離，最も近い位置に立地する緊急一時避難先との距離，標高，予想浸水深を用いた。緊急一時避難先の住所は当該地域の市役所のホームページで確認した。また予想浸水深については徳島県庁危機管理部からデータの提供を受けた。通常の公開情報ではこれらのデータを取得することが容易ではないため，地理情報システム（geographic information system: GIS）を用いて地理情報をデータとして構築した。これらの地理情報については以下のサイトから取得した。海岸線，行政区境界については，国土交通省国土政策局国土情報課から公開されている「国土数値情報」から，標高データは，国土交通省国土地理院ホームページから取得した。緊急一時避難先および津波タワーについては，徳島県東部都市計画区域に含まれる市町のホームページから住所

---

[7] 賃貸物件の賃料や紹介数は，繁忙期・閑散期で変化する。そこで本分析では，2013 年 11 月に株式会社 CHINTAI のホームページ (http://www.chintai.net/) で公開された賃貸物件情報を採用している。

図 8-4 徳島県東部都市計画区域（阿南市を含む）の予想浸水深と緊急一時避難所

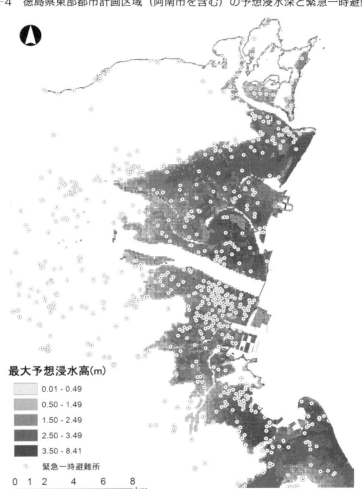

最大予想浸水高(m)
- 0.01 - 0.49
- 0.50 - 1.49
- 1.50 - 2.49
- 2.50 - 3.49
- 3.50 - 8.41
- ◎ 緊急一時避難所

に関する情報を得た。賃貸物件並びに緊急一時避難先の住所については，東京大学空間情報センターのアドレス・マッチングサービスを利用し，地理座標に変換した後，先述した地理情報とあわせて同一紙面上にマッピングを行った。さらにその地理座標をもとに海岸線からの直線距離，最寄り

の緊急一時避難先までの直線距離を GIS ソフトウェア上で計算したものをデータとして加工した[8]。

例えば，図8-4は予想浸水深と各市町が設定した緊急一時避難先を同一の地図上にマッピングしたものである。また賃貸物件の賃料の観測数は3185であり，既述の説明変数に加え，徳島市に関するダミー変数を説明変数として家賃データを回帰させた[9]。具体的には家賃関数の推定の際には4つのモデルでそれを推定した。モデル1は震災リスクを加味しない住宅特性のみを説明変数とし，モデル2からモデル4までは震災リスクを表す代理変数として考えられる変数（海岸線からの距離，緊急一時避難所からの距離，標高，予想浸水深）を賃貸物件の賃料に回帰させることで家賃関数を推定した[10]。そしてその災害リスクの家賃関数における影響を回帰分析した結果が次節の表8-1である。

4　推定結果の考察

本節では前節で得た回帰分析の結果を考察することにしよう（表8-1）。最初に，回帰分析の自由度修正済み決定係数は，すべてのモデルで0.71

8　ここでは ESRI 社 ArcGIS ver.10.0 を用いて計算を行っている。

9　徳島市に関するダミー変数は，徳島市内に立地する賃貸物件については1，それ以外の賃貸物件には0としている。

10　Nakagawa et al. (2007) では，最寄りの駅（バス停）までの距離を説明変数に入れているが，本推定ではこれらを入れていない。2010年の国勢調査によると，東京都の自家用車の通勤・通学率は全国で最も低い9.6％であるのに対し，徳島県のそれは67.26％となっている。したがって，7割近い居住者が通勤・通学に自家用車を使用している事実に鑑み，本回帰分析においては賃貸物件の説明変数として最寄りの駅（バス停）については，説明変数に加えていない。また，本章での回帰分析は最小2乗法を用いている。

表 8-1　徳島県東部都市計画区域（阿南市含む）における家賃関数の推定結果

	モデル1	モデル2	モデル3	モデル4
定数	8.856*** (338)	8.751*** (236)	8.813*** (204)	8.718*** (229)
床面積	0.560*** (84.2)	0.565*** (79.2)	0.567*** (81.5)	0.568*** (81.9)
築年数	−0.012*** (−36.3)	−0.097 (−27.9)	−0.107*** (−29.5)	−0.109*** (−29.9)
海岸線からの距離		0.017*** (6.15)	0.134*** (4.60)	0.020 (6.66)
緊急一時避難所からの距離			0.0001	0.0001
標高			−0.028*** (−5.98)	
予想浸水深				0.012*** (7.33)
建築構造ダミー	−0.070*** (−9.06)		−0.058*** (−6.80)	−0.050*** (−5.77)
徳島市ダミー			0.037*** (4.52)	0.045*** (5.23)
自由度修正済み決定係数	0.745	0.711	0.724	0.728
観測数	3185	3185	3185	3185

（注）　カッコ内は t 値．***は1%水準で統計的に有意であることを示す．

から0.75であるため，本節で想定した家賃関数は真の家賃関数の70%から75%を説明している．次に，各説明変数が賃貸物件の家賃に与える影響を見ると，「床面積」については，4つのモデルすべてにおいてその係数の符号が正となっており，「床面積」が広くなるほど，賃貸物件の家賃は上昇することがわかる．反対に「築年数」の係数の符号は逆に負となっているため，築年数が上昇する（賃貸物件が古くなる）と家賃は下落していることが確認できる．

さらに震災リスクの代理変数として用いた「海岸線からの距離」「緊急一時避難所からの距離」「標高」「予想浸水深」「建築構造ダミー」が家賃関数に与える影響について見ていくことにしよう。モデル2～4において，「海岸線からの距離」の係数の符号は正となっているため，海岸線からの距離が長くなる，すなわち海岸線から離れた賃貸物件ほど家賃が上昇しており，賃貸物件を借りようとする家計が震災に伴う津波リスクに対して考慮していると解釈することができる。この「海岸線からの距離」については，2.3項で見たように建築確認申請件数についても東日本大震災後に影響を受けていたが，家賃関数においても同様の影響があることがわかる。ところが「緊急一時避難所からの距離」については有意な結果を得ることができなかった。すなわち，「緊急一時避難所からの距離」は家賃関数の説明変数とはいえず，緊急一時避難先からの距離については，賃貸物件の家賃に反映されていないことがわかる。「標高」と「予想浸水深」については，互いに相関が高いと考えられるため，多重共線性の問題を回避するためにモデル3とモデル4に分けて考察した。表8-1のモデル3，およびモデル4の結果が示すように，「標高」についてはその係数の符号は負であり，「予想浸水深」についてはその係数の符号は正となっている。この結果，より標高が低く，予想浸水深が高い賃貸物件ほど需要が高く家賃が上昇しているため，震災による津波のリスクが高い地点ほど家賃は上昇していることがわかる。この結果は，震災リスクが地価や家賃の評価を下落させるという直観と反するものであり，賃貸物件を借りる家計にとって，「標高」や「予想浸水深」は東日本大震災後も南海トラフ地震のリスクとして認識されていないことがわかる。

　これらの推定結果が得られた理由としていくつかの要因が考えられる。まず，第1は，今回の推定に用いたサンプルでは，徳島県東部都市計画区域に含まれる徳島市，鳴門市，松茂町，北島町，小松島市に加え，阿南市の市街地がいずれも予想浸水深の高い地域に含まれていることが考えられる。特に徳島市は予想浸水深が2m以上の範囲に市役所，県庁，JR徳島

駅が立地する市街地の大半が含まれている。つまり，標高が低く予想浸水深が高い地域は市街地からのアクセスが良好な地域である。通常の都市経済学の理論でも明らかになっているように，駅，市役所，主要商業地域が集積する箇所（専門用語では中心業務地区）に近いほど地代（地価や家賃）は高くなる。そのため，震災リスクによる家賃の下落効果よりも中心市街地に近い都心部の地代の上昇効果のほうがより強く働いているため，震災リスクが確認できなかったと思われる。

第2に，この回帰分析では家賃関数を推定していることが考えられる。すなわち，賃貸物件のデータである家賃を被説明変数として用いているため，賃貸物件を選択する家計は持ち家を選択する家計と災害リスクに対する捉え方が異なっている可能性がある。通常，賃貸物件に居住する家計は，新築物件に居住する家計よりも，居住年数が短く，30年以内に発生が予測されている南海トラフ地震についても，持ち家を建築する家計ほどはそのリスクについて考慮していない可能性がある。南海トラフ地震は30年以内に発生すると予想されているが，持ち家の家計がその災害に遭遇する確率より，その居住年数が少ない賃借人が居住期間中に災害に遭遇する確率は低いと考えていることが予想される。したがって，その震災リスクによる家賃の下落効果よりも都心や市街地に近い利便性に伴う上昇効果が強く出るために，リスクの高い地域の賃貸物件の賃料が高くなっていると考えられる[11]。

最後に，「建築構造」については，木造建築の物件に対してはダミー変数として1を与え，鉄筋コンクリート等木造建築以外の物件についてはダミー変数に0を与えている。回帰分析の結果，いずれのモデルでの家賃関数においても「建築構造ダミー」の係数の符号は負となっており，木造建築の賃貸物件の賃料が低いことがわかる。一般的に木造建築物は鉄筋コン

---

[11] これと同様の結果は，新宿駅に近いほど賃料が高いという結果を示すNakagawa et al. (2007) でも得られている。

クリート等の建築物と比較して耐久性が弱いことが知られており，建築構造による家賃の違いは，その一部に震災リスクが反映されている可能性がある。

5　おわりに

　本章では，将来的に発生する震災リスクが，家計の建築行動や賃貸物件の評価にどのような影響を及ぼしているかについて分析を行った。東日本大震災は各種のライフライン，生産基盤，そして人命に多大なる被害をもたらし，その影響に関する分析は経済学のみならず建築学や社会学などさまざまな分野でなされてきた。東日本大震災によって，当時防災のためのインフラストラクチャ（防潮堤）の多くが機能せず，当該地域が大きな被害を受けたため，政府や地方自治体はその政策をインフラ整備によるハード面からの防災対策から，一定の被害を想定しそれをいかに抑制するかという減災対策へシフトしている。それにあわせて，今後30年以内に高い確率で発生が予測される東海地震あるいは南海トラフ地震のダメージを受けると予想される自治体はこれらの予想被害に対する情報を開示することで地域住民に対して災害リスクの認識の浸透を図っている。本章では，2013年に改訂され，その後，一般に公開された徳島県東部都市計画区域の予想浸水深データをもとに建築確認申請物件数の変化を見た。さらに家賃関数を推定することで，こうした将来発生が予想される震災リスクが家賃に与える要因を分析した。

　分析の結果，賃貸物件よりも相対的に居住年数が長くなる傾向がある持ち家では，東日本大震災の前後で建築確認申請件数の動向に変化が表れている。2010年と2012年の浸水深と建築確認申請数の割合を比較した場合，東日本大震災前よりも震災後のほうが，予想浸水深が相対的に高い（2m以上4m未満）地域の建築確認申請件数の割合が低下する一方，予想浸水

深が低い（0 m）地域における建築確認申請件数の割合が増加した。海岸線からの距離についても東日本大震災後の 2012 年では，海岸線から 4000 m 以上離れた地域における建築確認申請件数の割合が増加している。したがって，その居住年数の長い持ち家については，家計が南海トラフ震災のリスクをある程度考慮している可能性を指摘することができる。

　また家賃関数を推定することによって，震災リスクが賃貸物件の家賃にどのような影響を与えるかについても検証した。具体的には，住宅特性（床面積，築年数，建築構造）と災害リスク（海岸線からの距離，緊急一時避難所からの距離，予想浸水深，標高）を説明変数として家賃関数を推定した。推定の結果，築年数，建築構造，海岸線からの距離については，震災リスクを反映していることが明らかになったが，予想浸水深あるいは標高については，災害リスクが高くなる地域の家賃が高くなるという予想に反する結果を得た。これは，サンプルの対象となった徳島県東部都市計画区域および阿南市の中心市街地は相対的に標高が低い（予想浸水深が深い）地域に集中しており，その地区は通勤等の利便性の高い地域となっているため，これらの便益が災害リスクを上回っていることが原因であると考えられる。また緊急一時避難先からの距離については，有意な結果を得ることができなかったことは，事前の居住地選択に対しては避難先がどこにあるのかという情報は影響を与えていないことになる。一時避難先が有用なものではないと認識されているのか，あるいは，住民に一時避難先に関する情報が行き届いていないからなのかは判別できないが，防災対策を実施する際には，上記の点に関する留意が必要であろう。

　本章では，データの問題でいくつかの議論を捨象している。第 1 に東日本大震災前後の比較については，建築確認申請件数では言及しているが，家賃関数についてはその比較を行っていない。本来，家賃関数についても防災マップの更新後（東日本大震災後）の家賃関数と更新前（東日本大震災前）を比較する必要がある。しかしながら，徳島県東部都市計画地域の東日本大震災前の家賃データを取得することができなかったため，震災前後

の比較は行わず,震災後の家賃を説明する要因の分析に焦点を絞った。また,地価関数を用いることで同様の比較をすることは可能であるが,Nakagawa et al. (2009) が分析の対象とした首都圏と異なり,徳島県の公示地価データが少ないため,本章では地価関数の推定は行わなかった。この点については,南海トラフ地震のダメージを受けると想定されている徳島県以外の県(高知,和歌山,三重)をデータに加えることで分析することが可能であるかもしれない。こうした点は今後議論される必要がある。

＊本研究は RISTEX(社会技術開発研究センター)研究開発プログラム「コミュニティがつなぐ安全・安心な都市・地域の創造」の採択を受けた研究開発プロジェクト「持続可能な津波防災・地域継承のための土地利用モデル策定プロセスの検討(平成 25〜28 年度)代表:山中英生」の一環として実施したものである。徳島県危機管理部からは予想浸水深等の情報をご提供いただいた。ここに記して感謝する次第である。

参考文献

渡辺公次郎・近藤光男 (2014)「徳島都市圏における建築活動に対する津波リスクの影響に関する分析」『都市計画研究講演集』12:35-38 頁。

Beron, K. J., J. C. Murdoch, M. A. Thayer, and W. P. M. Vijverberg (1997) "An Analysis of the Housing Market before and after the 1989 Loma Prieta Earthquake," *Land Economics*, 73(1): 101-113.

Naito, T. (2015a) "Do Rental Housing Prices Reflect an Earthquake Disaster Risk?: Evidence from Tokushima Prefecture in Japan,"『九州経済学会年報』53: 99-105.

Naito, T. (2015b) "Characteristics of Residents and Evacuation Spots for Nankai Trough Earthquake: Case Study of Komatsushima City,"

Studies in Regional Science, 45(1): 1-9.

Nakagawa, M., M. Saito, and H. Yamaga (2007) "Earthquake Risk and Housing Rents: Evidence from the Tokyo Metropolitan Area," *Regional Science and Urban Economics*, 37(1): 87-99.

Nakagawa, M., M. Saito, and H. Yamaga (2009) "Earthquake Risks and Land Prices: Evidence from the Tokyo Metropolitan Area," *Japanese Economic Review*, 60(2): 208-222.

索　引

◆ アルファベット

A 類疾病　103
B 類疾病　103, 104
Durbin-Wu-Hausman 検定　46
EU（欧州連合）　5
GIS（地理情報システム）　201
Hib（インフルエンザ菌 b 型）　102
Hib 感染症　103
Hib ワクチン　109
HPV（ヒトパピローマウイルス）　102
HPV 感染症　104
HPV ワクチン　109
IT バブル崩壊　3
KOF グローバル化指数（KOF Index of Globalization）　5
OLS 推定　72
Sargan 統計量　106
TPP（環太平洋戦略的経済連携協定）　6
VAR（ベクトル自己回帰）　33, 44
VECM（ベクトル誤差修正モデル）　42, 44, 73

◆ ア　行

アジア通貨危機　3, 4, 33
アドレス・マッチングサービス　203
域外貸付　153
一類疾病　104
医薬品医療機器等法　104
因子負荷量の構造変化　29
インパルス応答関数　34, 36, 38, 55
インフルエンザ　104
失われた 20 年　22
エボラウイルス病　100
円高不況　2
欧州連合（EU）　5
おたふくかぜ（流行性耳下腺炎）　102

◆ カ　行

回帰分析　24
外的ショック　2, 7, 16
貸出条件緩和債権額　139
課税平準化　92
為替レート　34
感染症　100
機会主義的行動　55, 57, 65, 85
急性灰白髄炎（ポリオ）　103
共通因子の構造変化　29
共通因子モデル　25
共通変動　31
緊急一時避難所　202
緊急保証制度　130
金融円滑化施策　15
空間計量経済学　23
空間的自己回帰モデル　106
空間ラグ項　106
朽ちるインフラ　92
グローバル化　4, 14

グローバル・ショック　24
景気刺激策　48
景気対策　57
経常的支出　11, 47, 75
結　核　103
建築確認申請　193
建築確認申請件数　199
建築行動　208
県民経済計算　142
公共支出　75
公共投資　11
公共投資政策　58
鉱工業生産指数　2, 25
公示地価　199
公衆衛生政策　100
構造変化検定　30
国勢調査　142
国庫支出金　46
固定効果　46
固定効果モデル　72, 139
個別変動　31
コミットメントライン契約　186

◆ サ 行

災害リスク　193
最小2乗法（ordinary least squares：OLS）
　　46, 106
財政調整　13, 42, 72, 79
財政調整機能　82, 93
財政調整メカニズム　12, 59
財政の調整弁　52
財政バランス　11
サプライチェーン　166, 178
事業継続計画（BCP）　178, 185
時系列分析　10

次元の呪い　25
自主財源　47
地震危険担保特約　170
地震デリバティブ　171
地震に対するリスク評価　194
地震保険　167
自然災害　4, 164
　　――に対するリスクマネジメント
　　164
自治体の政策対応　12
実証分析　13
ジフテリア　103
住居選択行動　193
重症熱性血小板減少症候群（SFTS）
　　100
主成分分析　27
ショックに対する政策反応　50
震災復興企業実態調査　166
震災マップ　199
震災リスク　193, 207, 208
信用保証　15
水　痘　102, 104
水痘ワクチン　109
水平的な財政移転　88
政策対応　62
正の外部性　100
政府間財政制度　55
責任共有制度　133
石油危機　2
全国銀行財務諸表分析　141
相関係数行列　23
操作変数法（2段階最小2乗法）　106
ソフトな予算制約問題　84

◆ タ 行

第一次産業　10
第三次産業　10
耐震補強　178
第二次産業　10
多重共線性　206
単位根検定　46
地価関数　199
地方交付税交付金　46
地方債　11, 47
　——の利払い　77
中小企業金融安定化特別保証制度　138
中小企業金融円滑化法　130
中小企業の倒産状況　140
中小企業向け貸出残高　139
中東呼吸器症候群（MERS）　100
徴税インセンティブ　83, 84
地理情報システム（geographic information system: GIS）　202
賃貸物件の評価　208
通時的な財政バランス　42, 62
通時的な予算制約　11, 49
津波タワー　202
底辺への競争（race to bottom）　119
デング熱　100
動学的共通因子モデル　24, 27
投資的支出　11, 47, 75
徳島県庁危機管理部　196
都道府県地価調査　142
都道府県別将来人口推計　142
鳥インフルエンザ　100

◆ ナ 行

南海トラフ地震　4, 15, 194, 207
南海トラフ地震防災対策推進基本計画　167
日本脳炎　103
二類疾病　104, 109

◆ ハ 行

肺炎球菌23価　102
肺炎球菌23価ワクチン　109
肺炎球菌7価　102
肺炎球菌7価ワクチン　109
肺炎球菌感染症　103, 104
破傷風　103
バブル経済　22
バブル経済崩壊　2, 48
阪神・淡路大震災　62
東日本大震災　3, 4, 7, 15, 23, 192
百日咳　103
風疹　103
フライペーパー効果　53, 54, 65, 83
平成の大合併　46
ベクトル誤差修正モデル（vector error correction model: VECM）　42, 44, 72
ベクトル自己回帰（VAR）　33, 44
ヘドニック・アプローチ　199, 202
補助金　11, 77
ボラティリティ　57

◆ マ 行

麻疹　103
マスグレイブの3原則　70
モラルハザード問題　84

◆ ヤ　行

家賃関数　　200, 202, 208
輸出数量指数　　34
横並びの政策決定　　122
予算制約　　11
予想浸水深　　196, 202
呼び覚まし効果（wake-up effect）
　　184
予防接種　　14, 100
予防接種政策　　14, 105, 123
予防接種法　　103

◆ ラ　行

ラグ期　　72

リスク対応　　14, 17
リーマン・ショック　　3, 4, 7, 15, 23, 33, 128, 153
流行性耳下腺炎（おたふくかぜ）　　102
流行性耳下腺炎ワクチン　　109
ロマ・プリータ地震　　200

◆ ワ　行

ワクチンギャップ　　100
割引現在価値化　　49

グローバル化とショック波及の経済学
——地方自治体・企業・個人の対応

Economics of Shocks in the Globalized Economy:
Responses of Local Governments, Firms, and Households

2016年10月15日　初版第1刷発行

編　者	小　川　　　光
発行者	江　草　貞　治
発行所	株式会社　有　斐　閣

郵便番号 101-0051
東京都千代田区神田神保町 2-17
電話 (03) 3264-1315〔編集〕
　　 (03) 3265-6811〔営業〕
http://www.yuhikaku.co.jp/

印刷・大日本法令印刷株式会社／製本・牧製本印刷株式会社
© 2016, Hikaru Ogawa. Printed in Japan
落丁・乱丁本はお取替えいたします。
★定価はカバーに表示してあります。
ISBN 978-4-641-16485-7

|JCOPY| 本書の無断複写(コピー)は、著作権法上での例外を除き、禁じられています。複写される場合は、そのつど事前に、(社)出版者著作権管理機構(電話03-3513-6969, FAX03-3513-6979, e-mail:info@jcopy.or.jp)の許諾を得てください。